高等院校会计学专业系列教材

高级财务会计（第五版）
学习指导

主　编　赵　翠
副主编　张志英

对外经济贸易大学出版社
中国·北京

图书在版编目（CIP）数据

高级财务会计（第五版）学习指导 / 赵翠主编. 北京：对外经济贸易大学出版社，2024. 8. --（高等院校会计学专业系列教材）. --ISBN 978-7-5663-2623-2

Ⅰ. F234.4

中国国家版本馆 CIP 数据核字第 2024R72W90 号

高级财务会计（第五版）学习指导

赵　翠　主编

责任编辑：汪　洋

出版发行：对外经济贸易大学出版社
社　　址：北京市朝阳区惠新东街 10 号
网　　址：www.uibep.com
资源网址：www.uibepresources.com
邮政编码：100029
邮购电话：010－64492338
发行部电话：010－64492342
E-mail：uibep@126.com

成品尺寸：185mm×260mm
印　　张：11
字　　数：254 千字
ISBN 978-7-5663-2623-2
印　　刷：北京时代华都印刷有限公司
版　　次：2024 年 8 月北京第 1 版
印　　次：2024 年 8 月第 1 次印刷
定　　价：39.00 元

前　　言

本书为对外经济贸易大学出版社出版的《高级财务会计（第五版）》的配套学习指导用书，其结合教材和有关政策规定的相关内容，对《高级财务会计（第四版）学习指导》（2019 年出版）一书做了如下修订：

1. 按照财政部、税务总局发布的《关于进一步完善研发费用税前加计扣除政策的公告》（公告 2023 年第 7 号）调整了第一章的相关内容。

2. 按照《财政部关于修订印发合并财务报表格式（2019 版）的通知》，修改了本书中涉及合并财务报表的相关项目。将原合并资产负债表中的“应收票据及应收账款”行项目分拆为“应收票据”“应收账款”“应收款项融资”三个行项目，将“应付票据及应付账款”行项目分拆为“应付票据”“应付账款”两个行项目。同时对第六章第八节进行了重新编写。

3. 按照财政部颁布的《企业会计准则第 21 号——租赁（2018）》，对第八章习题进行了重新编写。

4. 新增第十章政府补助部分的习题。

本次修订由赵翠副教授担任主编，张志英教授担任副主编，各章分工为：第一、三章由祁钧业执笔，第二章由高志谦执笔，第四章由李桂荣执笔，第五、八章由张志英执笔，第六、七、十章由赵翠执笔，第九章由徐一民执笔。赵翠、张志英对修订工作进行了总纂。

本书的修订工作由赵翠负责，成书过程中得到了各位同事和出版社的大力支持，在此表示衷心感谢。同时恳请各位老师在使用本学习指导用书中对不足之处提出宝贵的改进意见，以便使其更加完善。

编　者

2024 年 6 月

目 录

Contents

第一章

所得税会计

本章要点

一、所得税会计方法概述

（1）应付税款法。应付税款法，是指企业不确认时间差异对所得税的影响金额，按照当期计算的应交所得税确认为所得税费用的方法。在这种方法下，一定期间的所得税费用等于本期应交所得税。

（2）纳税影响会计法。纳税影响会计法，是指企业确认时间性差异对所得税的影响金额，按照当期应交所得税和时间性差异对所得税影响金额的合计，确认为当期所得税费用的方法。在这种方法下，时间性差异对所得税的影响金额，递延和分配到以后各期。

（3）资产负债表债务法。所得税费用的计算从递延所得税资产和递延所得税负债的确认出发，通过倒轧计算得出，在不发生权益中确认的交易或事项产生的纳税影响的情况下，简化了所得税费用的会计核算。

二、资产负债表债务法的核算程序

（1）按照相关企业会计准则规定，确定资产负债表中除递延所得税资产和递延所得税负债以外的其他资产和负债项目的账面价值。

（2）按照企业会计准则中对于资产和负债计税基础的确定方法，以适用的税收法规为基础，确定资产负债表中有关资产、负债项目的计税基础。

（3）比较资产、负债的账面价值与其计税基础，对于两者之间存在差异的，分析其性质，除企业会计准则中规定的特殊情况外，分别应纳税暂时性差异与可抵扣暂时性差异，确定该资产负债表日递延所得税负债和递延所得税资产的应有金额，并与期初递延所得税负债和递延所得税资产的余额相比，确定当期应予进一步确认的递延所得税资产和递延所得税负债金额或应予转销的金额，作为构成利润表中所得税费用的递延所得税。

（4）按照适用的税法规定计算确定当期应纳税所得额，将应纳税所得额与适用的所得税税率计算的结果确认为当期应交所得税（即当期所得税费用），同时结合当期确认的递延所得税资产和递延所得税负债（即递延所得税费用），作为利润表中应予确认的所得税费用。

三、账面价值与计税基础

按照所得税会计的核算程序，应该首先确定资产、负债的账面价值和计税基础，进而比较二者的差异。

资产、负债的账面价值，是指企业按照相关会计准则的规定进行核算后在资产负债表中列示的金额。

所得税会计核算的关键在于确定资产、负债的计税基础。资产、负债的计税基础的确定，与税收法规的规定密切关联。企业在取得资产、负债时，应当确定其计税基础。

（一）资产的计税基础

资产的计税基础，是指企业收回资产账面价值的过程中，计算应纳税所得额时按照税法规定可以自应税经济利益中抵扣的金额。如果有关的经济利益不纳税，则资产的计税基础即为其账面价值。

资产的计税基础为某一项资产在未来期间计税时可以税前扣除的金额。从税收的角度考虑，资产的计税基础是假定企业按照税法规定进行核算所提供的资产负债表中资产的应有金额。

（二）负债的计税基础

负债的计税基础，是指负债的账面价值减去未来期间计算应纳税所得额时按照税法规定可予抵扣的金额。

四、暂时性差异

（一）应纳税暂时性差异

应纳税暂时性差异通常产生于以下情况：（1）资产的账面价值大于其计税基础；（2）负债的账面价值小于其计税基础。

（二）可抵扣暂时性差异

可抵扣暂时性差异一般产生于以下情况：（1）资产的账面价值小于其计税基础；（2）负债的账面价值大于其计税基础。

五、特殊项目产生的暂时性差异

（1）未作为资产、负债确认的项目产生的暂时性差异。

（2）对于按照税法规定可以结转以后年度的未弥补亏损及税款抵减，虽不是因资产、负债的账面价值与计税基础不同产生的，但本质上可抵扣亏损和税款抵减与可抵扣暂时性差异具有同样的作用，均能够减少未来期间的应纳税所得额，进而减少未来期间的应交所得税，在会计处理上，与可抵扣暂时性差异的处理相同。

（3）企业合并中取得有关资产、负债产生的暂时性差异。

六、所得税会计的确认与计量

（一）所得税会计处理的两种理念

（1）无跨期分摊理念。

（2）跨期分摊理念。

（二）递延所得税资产的确认和计量

1. 确认递延所得税资产的一般原则

（1）递延所得税资产的确认应以未来期间可能取得的应纳税所得额为限。

（2）按照税法规定可以结转以后年度的未弥补亏损和税款抵减，应视同可抵扣暂时性差异处理。在预计可利用可弥补亏损或税款抵减的未来期间内能够取得足够的应纳税所得额时，应当以很可能取得的应纳税所得额为限，确认相应的递延所得税资产，同时减少确认当期的所得税费用。

（3）企业合并中，按照会计规定确定的合并中取得各项可辨认资产、负债的入账价值与其计税基础之间形成可抵扣暂时性差异的，应确认相应的递延所得税资产，并调整合并中应予确认的商誉等。

（4）与直接计入所有者权益的交易或事项相关的可抵扣暂时性差异，相应的递延所得税资产应计入所有者权益。如因其他权益工具投资公允价值下降而应确认的递延所得税资产。

2. 递延所得税资产的计量

（1）适用税率的确定。确认递延所得税资产时，应估计相关可抵扣暂时性差异的转回时间，采用转回期间适用的所得税税率为基础计算确定。无论相关的可抵扣暂时性差异转回期间如何，递延所得税资产均不予折现。

（2）递延所得税资产的减值。所得税准则规定，资产负债表日，企业应当对递延所得税资产的账面价值进行复核。如果未来期间很可能无法取得足够的应纳税所得额用以利用可抵扣暂时性差异带来的经济利益，应当减记递延所得税资产的账面价值。

（三）递延所得税负债的确认和计量

1. 递延所得税负债的确认

企业在确认因应纳税暂时性差异产生的递延所得税负债时，应遵循以下原则。

（1）除所得税准则中明确规定可不确认递延所得税负债的情况以外，企业对于所有的应纳税暂时性差异均应确认相关的递延所得税负债。基于谨慎性原则，为了充分反映交易或事项发生后对未来期间的计税影响，除特殊情况可不确认相关的递延所得税负债外，企业应尽可能地确认与应纳税暂时性差异相关的递延所得税负债。

（2）不确认递延所得税负债的特殊情况。有些情况下，虽然资产、负债的账面价值与其计税基础不同，产生了应纳税暂时性差异，但出于各方面考虑，所得税准则中规定不确认相应的递延所得税负债，主要包括：商誉的初始确认，除企业合并以外的其他交易或事项，与子公司、联营企业、合营企业投资等。

2. 递延所得税负债计量

（1）资产负债表日，对于递延所得税负债，应当根据适用税法规定，按照预期清偿该负债期间的适用税率计量，即递延所得税负债应以相关应纳税暂时性差异转回期间按照税法规定适用的所得税税率计量。

（2）无论应纳税暂时性差异的转回期间如何，递延所得税负债不要求折现。对递延所得税负债进行折现，企业需要对相关的应纳税暂时性差异进行详细的分析，确定其具体的转回时间表，并在此基础上，按照一定的利率折现后确定递延所得税负债的金额。实务中，要求企业进行类似的分析工作量较大、包含的主观判断因素较多，且很多情况下无法合理确定暂时性差异的具体转回时间，准则中规定递延所得税负债不予折现。

（四）所得税费用的确认和计量

按照资产负债表债务法核算所得税的情况下，利润表中的所得税费用由两个部分组成：当期所得税和递延所得税。

1. 当期所得税

当期所得税是指企业按照税法规定计算确定的针对当期发生的交易和事项，应交纳给税务部门的所得税金额，即应交所得税，当期所得税应以适用的税收法规为基础计算确定。

当期所得税＝当期应交所得税＝应纳税所得额×适用的所得税税率

2. 递延所得税

递延所得税是指按照所得税准则规定应予确认的递延所得税资产和递延所得税负债在期末应有的金额相对于原已确认金额之间的差额，即递延所得税资产及递延所得税负债当期发生额的综合结果。用公式表示即：

递延所得税＝（期末递延所得税负债－期初递延所得税负债）－（期末递延所得税资产－期初递延所得税资产）

应予说明的是，企业因确认递延所得税资产和递延所得税负债产生的递延所得税，一般应当计入所得税费用，但以下两种情况除外。

一是某项交易或事项按照会计准则规定应计入所有者权益的，由该交易或事项产生的递延所得税资产或递延所得税负债及其变化亦应计入所有者权益，不构成利润表中的递延所得税费用（或收益）。

二是企业合并中取得的资产、负债，其账面价值与计税基础不同，应确认相关递延所得税的，该递延所得税的确认影响合并中产生的商誉或是计入合并当期损益的金额，不影响所得税费用。

3. 所得税费用

计算确定了当期所得税及递延所得税以后，利润表中应予确认的所得税费用为两者之和，即：

所得税费用＝当期所得税＋递延所得税

可总结如图 1–1 所示。

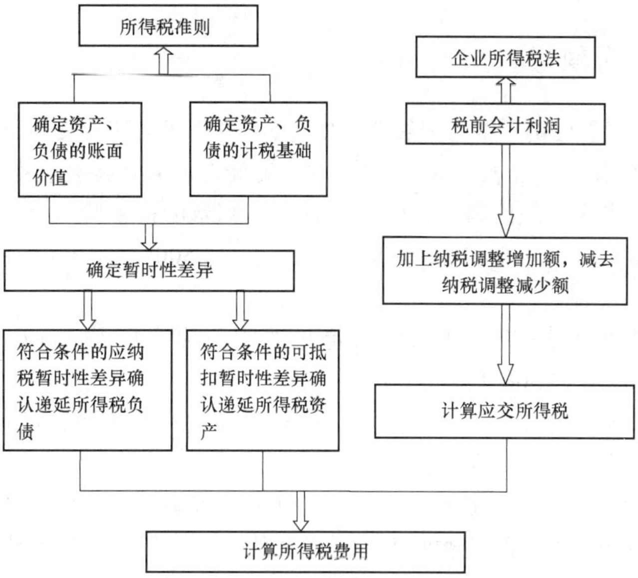

图 1-1　所得税费用的计算

表 1-1　资产负债表债务法下既有非暂时性差异又有暂时性差异时的会计处理程序

项目	计算方法	
税前会计利润	来自会计口径利润	
非暂时性差异	+	会计认可而税务上不认可的支出
		税务认可而会计上不认定的收入
	-	会计认可而税务上不认可的收入
		税务认可而会计上不认定的支出
暂时性差异	+	新增可抵扣暂时性差异
		转回应纳税暂时性差异
	-	转回可抵扣暂时性差异
		新增应纳税暂时性差异
应税所得	推算认定	
应交税费	应税所得×税率	
递延所得税资产	借记	新增可抵扣暂时性差异×税率
	贷记	转回可抵扣暂时性差异×税率
递延所得税负债	贷记	新增应纳税暂时性差异×税率
	借记	转回应纳税暂时性差异×税率
本期所得税费用	倒挤认定	

经典考题

1.【单项选择题】（2018 年《中级会计实务》）甲公司当期应交所得税 15 800 万元，递延所得税资产本期净增加 320 万元（其中 20 万元对应其他综合收益），递延所得税负债未发生变化，不考虑其他因素，2017 年利润表应列示所得税费用金额为（　　）万元。

A. 15 480　　B. 16 100　　C. 15 500　　D. 16 120

【答案】C

【解析】2017 年利润表应列示的所得税费用 = 应交所得税+递延所得税费用 = 15 800 –（320 – 20）= 15 500（万元）。

2.【多项选择题】（2018 年《中级会计实务》）下列关于企业递延所得税负债会计处理的表述中，正确的有（　　）。

A. 商誉初始确认时形成的应纳税暂时性差异应确认相应的递延所得税负债

B. 与损益相关的应纳税暂时性差异确认的递延所得税负债应计入所得税费用

C. 因纳税暂时性差异转回期间超过一年的，相应的递延所得税负债应以现值进行计量

D. 递延所得税负债以相关应纳税暂时性差异转回期间适用的企业所得税税率计量

【答案】B D

【解析】选项 A，商誉初始确认时形成的应纳税暂时性差异不应确认递延所得税负债；选项 C，无论应纳税暂时性差异转回期间如何，递延所得税负债都不要求折现。

3.【计算分析题】（2018 年《中级会计实务》）甲公司 2014 年初递延所得税负债的余额为零，递延所得税资产的余额为 30 万元（系 2013 年末应收账款的可抵扣暂时性差异产生）。甲公司 2014 年度有关交易和事项的会计处理中，与税法规定存在差异的有：

资料一：2014 年 1 月 1 日，购入一项非专利技术并立即用于生产 A 产品，成本为 200 万元，因无法合理预计其带来经济利益的期限，作为使用寿命不确定的无形资产核算。2014 年 12 月 31 日，对该项无形资产进行减值测试后未发现减值。根据税法规定，企业在计税时，对该项无形资产按照 10 年的期限摊销，有关摊销额允许税前扣除。

资料二：2014 年 1 月 1 日，按面值购入当日发行的三年期国债 1 000 万元，作为债权投资核算。该债券票面年利率为 5%，每年末付息一次，到期偿还面值。2014 年 12 月 31 日，甲公司确认了 50 万元的利息收入。根据税法规定，国债利息收入免征企业所得税。

资料三：2014 年 12 月 31 日，应收账款账面余额为 10 000 万元，减值测试前坏账准备的余额为 200 万元，减值测试后补提坏账准备 100 万元。根据税法规定，提取的坏账准备不允许税前扣除。

资料四：2014 年度，甲公司实现的利润总额为 10 070 万元，适用的所得税税率为 15%；预计从 2015 年开始适用的所得税税率为 25%，且未来期间保持不变。假定未来期间能够产生足够的应纳税所得额用以抵扣暂时性差异，不考虑其他因素。

要求：

（1）分别计算甲公司 2014 年度应纳税所得额和应交所得税的金额。

（2）分别计算甲公司 2014 年末资产负债表“递延所得税资产”“递延所得税负债”项目“期末余额”栏应列示的金额。

（3）计算确定甲公司 2014 年度利润表 “所得税费用”项目“本年金额”栏应列示的金额。

（4）编制甲公司与确认应交所得税、递延所得税资产、递延所得税负债和所得税费用相关的会计分录（2015 年）。

【答案】

（1）甲公司 2014 年度应纳税所得额 = 10 070 – 200/10（税法上无形资产摊销金额）– 50（国债免税利息收入）+100（补提的坏账准备）= 10 100（万元）；甲公司 2014 年度应交所得税 = 10 100 × 15% = 1 515（万元）。

（2）

① 资料一：

该无形资产的使用寿命不确定，且 2014 年末未计提减值准备，所以该无形资产的账面价值为 200 万元，税法上按照 10 年进行摊销，因而计税基础 = 200 – 200/10 = 180（万元），产生应纳税暂时性差异 = 200 – 180 = 20（万元），递延所得税负债的余额 = 20 × 25% = 5（万元）。

② 资料二：

该债权投资的账面价值与计税基础相等，均为 1 000 万元，不产生暂时性差异，不确认递延所得税。

③ 资料三：

该应收账款账面价值 = 10 000 – 200 – 100 = 9 700（万元），由于按照税法规定计提的坏账准备不允许税前扣除，所以计税基础为 10 000 万元，产生可抵扣暂时性差异，递延所得税资产余额 =（10 000 – 9 700）× 25% = 75（万元）。

④ 根据上述分析，“递延所得税资产”项目期末余额 =（10 000 – 9 700）× 25% = 75（万元）；

“递延所得税负债”项目期末余额 = 20 × 25% = 5（万元）。

（3）本期确认的递延所得税负债 = 20 × 25% = 5（万元），本期确认的递延所得税资产 = 75 – 30 = 45（万元）；

发生的递延所得税费用 = 本期确认的递延所得税负债 – 本期确认的递延所得税资产 = 5 – 45 = – 40（万元）；

所得税费用本期发生额 = 1 515 – 40 = 1 475（万元）

（4）相关会计分录：

借：所得税费用	1 475	
递延所得税资产	45	
贷：应交税费——应交所得税		1 515
递延所得税负债		5

本章习题

一、单项选择题

1. 甲公司于2×19年初以135万元取得一项交易性金融资产，2×19年末该项交易性金融资产的公允价值为150万元。按照税法规定，交易性金融资产持有期间公允价值的变动不计入应纳税所得额，出售时一并计算应计入应纳税所得额的金额。则该项交易性金融资产在2×19年末的计税基础为（　　）万元。

A. 150　　B. 135　　C. 285　　D. 15

2. C企业因销售产品承诺提供3年的保修服务，2×19年度利润表中确认了500万元的销售费用，同时确认为预计负债，期初“预计负债—产品保修费用”科目余额600万元，当年实际支出产品保修费用400万元。按照税法规定，与产品售后服务相关的费用在实际发生时允许税前扣除。不考虑其他因素，则2×09年12月31日的可抵扣暂时性差异余额为（　　）万元。

A. 600　　B. 500　　C. 400　　D. 700

3. 下列项目中，会产生暂时性差异的是（　　）。

A. 因漏税受到税务部门处罚而支付的罚款

B. 非公益性捐赠支出

C. 取得国债利息收入

D. 企业对产品计提的产品质量保证费用

4. 甲企业于2×18年12月2日自A客户处收到一笔合同预付款，金额为1 000万元，作为预收账款核算，但按照税法规定，该款项属于当期的应纳税所得额，应计入取得当期应纳税所得额；12月20日，甲企业自B客户处收到一笔合同预付款，金额为2 000万元，作为预收账款核算，按照税法规定，也具有预收性质，不计入当期应税所得。假定甲企业递延所得税资产和递延所得税负债的期初余额均为0，甲企业当期及以后各期适用的所得税税率均为25%，则2×18年12月31日，甲企业就预收账款，下列处理正确的是（　　）万元。

A. 确认递延所得税资产250　　B. 确认递延所得税资产500

C. 确认递延所得税负债250　　D. 确认递延所得税资产750

5. S企业于2×18年12月31日购入一栋写字楼，并于当日对外出租，采用公允价值模式进行后续计量，成本为1 200万元，税法上对该写字楼采用直线法计提折旧，预计使用年限为20年，预计净残值为零。2×19年末，其公允价值为1 600万元。S企业适用的所得税税率为25%，税法规定投资性房地产公允价值的变动不计入应纳税所得额。假定S企业2×19年初递延所得税资产和递延所得税负债的余额均为0，则2×19年末该投资性房地产产生的所得税影响为（　　）万元。

A. 确认递延所得税负债460

B. 不需确认递延所得税资产或递延所得税负债

C. 确认递延所得税负债 115

D. 确认递延所得税资产 115

6. A 企业采用资产负债表债务法核算所得税，2×18 年初“递延所得税资产”科目的借方余额为 200 万元，本期计提无形资产减值准备 100 万元，上期计提的存货跌价准备于本期转回 200 万元，假设 A 企业适用的所得税税率为 25%，除减值准备外未发生其他暂时性差异，本期“递延所得税资产”科目的发生额和期末余额分别为（　　）万元。

A. 借方 25、借方 175　　B. 借方 25、借方 225

C. 借方 75、借方 275　　D. 贷方 25、借方 175

7. 甲公司 2×17 年 12 月 31 日的资产、负债中，其他权益工具投资的账面价值为 120 万元，计税基础为 110 万元，预计负债的账面价值为 100 万元，计税基础为 0。假定公司 2×17 年适用的所得税税率为 33%，预期从 2×18 年 1 月 1 日起，该公司适用的所得税税率将变更为 25%，无其他纳税调整事项。甲公司 2×17 年应纳税所得额为 540 万元（已考虑了上述纳税调整事项），2×17 年初递延所得税资产和递延所得税负债科目均无余额。则 2×17 年甲公司利润表中的“所得税费用”项目金额为（　　）万元。

A. 155.7　　B. 153.2　　C. 150.7　　D. 145.2

8. 甲公司于 2×18 年发生经营亏损 1 000 万元，按照税法规定，该亏损可用于抵减以后 5 个年度的应纳税所得额。该公司预计其于未来 5 年期间能够产生的应纳税所得额为 800 万元。甲公司适用的所得税税率为 25%，无其他纳税调整事项，2×18 年初递延所得税资产和递延所得税负债的余额均为 0，则甲公司 2×18 年就该事项的所得税影响，应做的会计处理是（　　）。

A. 确认递延所得税资产 250 万元　　B. 确认递延所得税负债 250 万元

C. 确认递延所得税资产 200 万元　　D. 确认递延所得税负债 200 万元

9. 甲企业采用资产负债表债务法核算所得税，2×18 年以前适用的所得税税率为 33%，从 2×18 年 1 月 1 日起适用的所得税税率改为 25%。2×18 年初库存商品的账面余额为 40 万元，已提存货跌价准备 5 万元。2×18 年末库存商品的账面余额为 50 万元，补提存货跌价准备 5 万元。假定无其他纳税调整事项，则 2×18 年末“递延所得税资产”的期末余额为（　　）万元。

A. 3.3　　B. 2.5　　C. 1.25　　D. 1.65

10. A 公司 2×18 年实现利润总额为 1 000 万元，由于违法经营支付罚款 50 万元，由于会计采用的折旧方法与税法规定不同，当期会计比税法规定少计提折旧 100 万元。2×18 年初递延所得税负债的余额为 66 万元（假定均为固定资产产生）；年末固定资产账面价值为 5 000 万元，其计税基础为 4 700 万元。除上述差异外没有其他纳税调整事项和差异。A 公司采用资产负债表债务法核算所得税，2×18 年以前适用的所得税税率为 33%，从 2×18 年 1 月 1 日起适用的所得税税率改为 25%。A 公司 2×18 年的净利润为（　　）万元。

A. 670　　B. 686.5　　C. 719.5　　D. 753.5

11. 2×23 年 12 月 31 日，甲公司因交易性金融资产和其他权益工具投资的公允价值变动，分别确认了 15 万元的递延所得税资产和 23 万元的递延所得税负债。甲公司当期应交所得税的金额为 120 万元。假定不考虑其他因素，该公司 2×23 年度利润表“所得税费用”项目应列示的金额为（　　）万元。

A. 105　　B. 128　　C. 120　　D. 123

12. 下列各项中，产生的差异应计入留存收益项目的是（　　）。

A. 非同一控制下企业合并，购买日被投资单位可辨认净资产公允价值与账面价值的差额

B. 采用公允价值模式计量的投资性房地产，期末账面价值与计税基础的差额

C. 成本模式计量的投资性房地产改为公允价值模式计量，转换时公允价值与原账面价值的差额

D. 非同一控制下企业合并，初始确认商誉账面价值与计税基础的差额

13. 甲公司将某一栋写字楼租赁给乙公司使用，并一直采用成本模式进行后续计量。2×24 年 1 月 1 日，甲公司认为，出租给乙公司使用的写字楼，其所在地的房地产交易市场比较成熟，具备了采用公允价值模式计量的条件，决定将该项投资性房地产从成本模式转换为公允价值模式计量。该写字楼的原价为 5 000 万元，已计提折旧 600 万元。2×23 年 1 月 1 日，该写字楼的公允价值为 6 100 万元，假设甲公司按净利润的 15%提取盈余公积，适用的所得税税率为 25%。则转换日影响资产负债表中期初“未分配利润”项目的金额为（　　）万元。

A. 1 700　　B. 1 275　　C. 1 445　　D. 1 083.75

14. 甲公司所得税采用资产负债表债务法核算，适用的所得税税率为 25%。甲公司于 2×23 年 7 月 1 日购入一项专利技术，该专利权专门用于生产×产品。入账价值为 600 万元，预计使用年限为 5 年，无残值，采用直线法摊销。由于市场上出现了更先进的生产×产品的专利技术，甲公司年末为该专利技术进行减值测试。估计该专利技术的公允价值减去处置费用后的净额为 420 万元，预计未来现金流量现值为 400 万元。假定生产的×产品期末全部对外出售。则甲公司该事项确认递延所得税资产金额为（　　）万元。

A. 30　　B. 50　　C. 65　　D. 80

二、多项选择题

1. 根据《企业会计准则第 18 号——所得税》的规定，下列表述正确的内容有（　　）。

A. 企业应交的罚款和滞纳金等，在尚未支付之前按照会计规定确认为费用，同时作为负债反映，税法规定罚款和滞纳金不能税前扣除，所以其计税基础为零

B. 负债的计税基础是指负债的账面价值减去未来期间计算应纳税所得额时按照税法规定可予抵扣的金额

C. 通常情况下，固定资产在取得时其入账价值与计税基础是相同的，后续计量过程中因企业会计准则规定与税法规定不同，可能造成账面价值与计税基础的差异

D. 通常情况下，短期借款、应付票据、应付账款等负债的确认和偿还，不会对当期损益和应纳税所得额产生影响，其计税基础即为其账面价值

E. 暂时性差异必须确认相应的递延所得税资产或负债

2. 下列关于资产或负债的计税基础的表述中正确的有（　　）。

A. 资产的计税基础，即在未来期间计税时按照税法规定可以税前扣除的金额

B. 资产的计税基础，即账面价值减去在未来期间计税时按照税法规定可以税前扣除的金额

C. 负债的计税基础，即在未来期间计税时，按照税法规定可以税前扣除的金额

D. 负债的计税基础，即账面价值减去在未来期间计税时按照税法规定可以税前扣除的金额

E. 计税基础的概念是会计准则中的概念，但计税基础的确定应遵循税法规定

3. 下列各种情况中，会产生应纳税暂时性差异的有（　　）。

A. 资产的账面价值大于其计税基础

B. 资产的账面价值小于其计税基础

C. 负债的账面价值大于其计税基础

D. 负债的账面价值小于其计税基础

E. 以上选项都是

4. 下列各事项中，会产生暂时性差异的有（　　）。

A. 对固定资产计提减值准备

B. 期末交易性金融资产的公允价值发生变动

C. 企业的非公益性对外捐赠支出

D. 企业违反合同协议而支付违约金

E. 期末其他权益工具投资的公允价值发生变动

5. 下列关于企业所得税的表述中，正确的有（　　）。

A. 如果未来期间很可能无法取得足够的应纳税所得额用以利用递延所得税资产的利益，应当减记递延所得税资产的账面价值

B. 递延所得税资产的账面价值减记以后，继后期间根据新的环境和情况判断能够产生足够的应纳税所得额利用可抵扣暂时性差异，使递延所得税资产包含的经济利益能够实现的，应恢复递延所得税资产的账面价值

C. 企业应以当期适用的税率计算确定当期应交所得税

D. 企业应以转回期间适用的所得税税率（未来的适用税率可以预计）为基础计算确定递延所得税资产

E. 可结转以后年度的亏损属于应纳税暂时性差异

6. 下列各项中，影响企业利润表“所得税费用”项目金额的有（　　）。

A. 当期确认的应交所得税

B. 因对存货计提存货跌价准备而确认的递延所得税资产

C. 因其他权益工具投资公允价值上升而确认的递延所得税负债

D. 因交易性金融资产公允价值上升而确认的递延所得税负债

E. 因固定资产折旧方法不同而转回的递延所得税资产

7. 关于递延所得税资产、负债的表述，正确的有（　　）。

A. 递延所得税资产的确认应以未来期间可能取得的应纳税所得额为限

B. 确认递延所得税负债均会增加利润表中的所得税费用

C. 资产负债表日应该对递延所得税资产进行复核

D. 递延所得税资产或递延所得税负债的确认均不要求折现

E. 递延所得税资产和递延所得税负债的确认也应当遵循谨慎原则

8. 企业在确认递延所得税时，可能会涉及的科目有（　　）。

A. 所得税费用　　B. 管理费用　　C. 其他综合收益　　D. 投资收益

E. 以上选项都是

9. A 公司 2×18 年发生了 4 000 万元的广告费用，在发生时已作为销售费用计入当期损益，税法规定广告费支出不超过当年销售收入 15%的部分，准予扣除；超过部分允许结转以后年度扣除。A 公司 2×18 年实现销售收入 20 000 万元，会计利润为 10 000 万元，适用的所得税税率为 25%，不考虑其他纳税调整，2×18 年初递延所得税资产和递延所得税负债的余额均为 0，则 A 公司 2×18 年末应确认（　　）。

A. 递延所得税负债 250 万元　　B. 应交所得税 2 750 万元

C. 所得税费用 2 500 万元　　D. 递延所得税资产 250 万元

E. 以上选项都是

10. 下列各项中，应确认递延所得税负债的有（　　）。

A. 非同一控制下企业合并中，被投资单位资产的入账价值大于计税基础的差额

B. 自用房地产转为投资性房地产，转换日公允价值大于账面价值的差额

C. 免税合并下，商誉的账面价值大于计税基础的差额

D. 应交的罚款和滞纳金

11. 下列各项表述中，正确的有（　　）。

A. 利润表中所得税费用包括当期所得税和递延所得税

B. 合并中取得资产、负债相关的递延所得税负债不增加利润表中所得税费用

C. 如果可以确认税前利润补亏的所得税收益，应确认为可抵扣暂时性差异

D. 资产的账面价值大于计税基础产生应纳税暂时性差异

12. 下列各项中，其进行后续计量时计税基础一定等于账面价值的有（　　）。

A. 使用寿命不确定的无形资产　　B. 作为债权投资核算的国债

C. 应交的罚款和滞纳金　　D. 公允价值上升的交易性金融资产

三、判断题

1. 企业内部研发形成的无形资产，在初始确认时账面价值和计税基础之间存在差异，企业应确认相应的递延所得税。（　　）

2. 按照《企业会计准则第 18 号——所得税》的规定，企业利润表中的所得税费用等于当期应纳税所得额乘以所得税税率。（　　）

3. 负债产生的暂时性差异等于未来期间计税时按照税法规定可予税前扣除的金额。（　　）

4. 资产的账面价值大于其计税基础，产生可抵扣暂时性差异；负债账面价值小于其

计税基础，产生应纳税暂时性差异。 （ ）

5. 可抵扣暂时性差异在未来期间转回时会减少转回期间的应纳税所得额，减少未来期间的应交所得税；应纳税暂时性差异在未来期间转回时会增加转回期间的应纳税所得额，增加未来期间的应交所得税金额。 （ ）

6. 计入当期损益的所得税费用或收益，包括企业合并和直接在所有者权益中确认的交易或事项产生的所得税影响。 （ ）

7. 企业合并中产生的商誉，其账面价值和计税基础不同形成的应纳税暂时性差异，企业会计准则中规定不确认相关递延所得税负债。 （ ）

8. 企业合并中形成的暂时性差异，应在资产负债表日确认递延所得税资产或负债，同时调整所得税费用。 （ ）

9. 确认递延所得税资产时，应估计相关可抵扣暂时性差异的转回时间，采用转回期间适用的所得税税率为基础计算确定。 （ ）

10. 因适用税收法规的变化，导致企业在某一会计期间适用的所得税税率发生变化的，企业应对已确认的递延所得税资产和递延所得税负债进行重新计量。 （ ）

四、名词解释

1. 资产负债表债务法
2. 暂时性差异
3. 计税基础
4. 可抵扣暂时性差异
5. 应纳税暂时性差异

五、简答题

1. 举例说明什么是资产的计税基础，什么是负债的计税基础。
2. 什么是暂时性差异？举例说明应纳税暂时性差异和可抵扣暂时性差异是如何确定的。
3. 简述递延所得税资产和递延所得税负债的确认原则。
4. 简述资产负债表债务法的核算程序。
5. 简述利润表中所得税费用的构成。

六、业务题

1. S 股份有限公司（以下简称 S 公司）系上市公司，适用的所得税税率为 25%，S 公司预计会持续盈利，各年能够获得足够的应纳税所得额。2×18 年初递延所得税资产和递延所得税负债的余额均为 0，2×18 年利润总额为 800 万元，该公司当年会计与税法之间的差异包括以下事项：

（1）取得国债利息收入 80 万元；

（2）因违反税收政策支付罚款 40 万元；

（3）交易性金融资产公允价值变动收益 40 万元；

（4）本期提取存货跌价准备 210 万元；

（5）预计产品质量保证费用 50 万元。

S 公司 2×18 年 12 月 31 日资产负债表中部分项目情况如下（单位：元）：

项目	账面价值	计税基础	应纳税暂时性差异	可抵扣暂时性差异
交易性金融资产	3 000 000	2 600 000		
存货	15 900 000	18 000 000		
预计负债	500 000	0		
总计	—	—		

要求：

（1）计算 S 公司 2×18 年度的应纳税所得额和应交所得税。

（2）计算 S 公司 2×18 年度的应纳税暂时性差异和可抵扣暂时性差异（将结果填入上表中）。

（3）计算 S 公司 2×18 年度应确认的递延所得税资产和递延所得税负债。

（4）计算 S 公司 2×18 年度应确认的所得税费用。

（5）编制 S 公司 2×18 年度确认所得税费用和递延所得税资产及递延所得税负债的会计分录。

2. 甲企业是 2×19 年 1 月 1 日注册成立的公司，适用的所得税税率为 25%。

2×19 年度有关所得税会计处理的资料如下：

（1）本年度实现税前会计利润 240 万元；

（2）取得国债利息收入 20 万元；

（3）持有的一项交易性金融资产期末公允价值上升 30 万元；

（4）持有的一项其他权益工具投资期末公允价值上升 50 万元；

（5）计提存货跌价准备 10 万元；

（6）本年度开始计提折旧的一项管理用固定资产，成本为 100 万元，使用寿命为 5 年，预计净残值为 0，按直线法计提折旧，税法规定的使用年限为 10 年，假定税法规定的折旧方法及净残值与会计规定相同。

2×19 年度除上述事项外，无其他纳税调整事项。

要求：

（1）采用资产负债表债务法计算本年度应交所得税。

（2）计算本期应确认的递延所得税资产或递延所得税负债金额。

（3）计算 2×19 年利润表中列示的所得税费用，并做出相关的会计分录。

3. A 公司于 2×17 年 1 月 1 日开始研发某项新型技术，在研发过程中发生各种支出总计 80 万元，其中，符合资本化条件的支出为 50 万元。2×17 年 12 月 31 日，该项新型技术达到预定用途。按照税法规定，A 公司上述研发支出中费用化部分可以按 200%于当期加计扣除，对于资本化支出按 200%在以后期间按期摊销。无形资产采用直线法进行摊销，使用寿命为 5 年，预计无残值，摊销方法及年限等与税法上相同。A 公司 2×17

年适用的所得税税率为 33%，2×18 年及以后各期适用的税率为 25%。A 公司 2×17 年和 2×18 年实现的税前会计利润分别为 500 万元和 800 万元。A 公司在 2×17 年及 2×18 年没有发生其他纳税调整事项，假定无形资产从 2×18 年 1 月开始摊销。

要求：

（1）确定无形资产的入账价值并做相应的会计处理；

（2）计算 2×17 年的应交所得税、递延所得税余额，并做相关会计处理；

（3）计算确定 2×18 年的应交所得税、递延所得税余额，并做相关会计处理。

七、案例分析题

甲公司 2×15 年初的递延所得税资产借方余额为 50 万元，与之对应的预计负债贷方余额为 200 万元；递延所得税负债无期初余额。甲公司 2×15 年度实现的利润总额为 9 520 万元，适用的企业所得税税率为 25%且预计在未来期间保持不变；预计未来期间能够产生足够的应纳税所得额用以抵扣可抵扣暂时性差异。甲公司 2×15 年度发生的有关交易和事项中，会计处理与税收处理存在差异的相关资料如下：

资料一：2×15 年 8 月，甲公司向非关联企业捐赠现金 500 万元。

资料二：2×15 年 9 月，甲公司以银行存款支付产品保修费用 300 万元，同时冲减了预计负债年初贷方余额 200 万元。2015 年末，保修期结束，甲公司不再预提保修费。

资料三：2×15 年 12 月 31 日，甲公司对应收账款计提了坏账准备 180 万元。

资料四：2×15 年 12 月 31 日，甲公司以定向增发公允价值为 10 900 万元的普通股股票为对价，取得乙公司 100%有表决权的股份，形成非同一控制下控股合并。假定该项企业合并符合税法规定的免税合并条件，且乙公司选择进行免税处理。乙公司当日可辨认净资产的账面价值为 10 000 万元，其中股本 2 000 万元，未分配利润 8 000 万元；除一项账面价值与计税基础均为 200 万元、公允价值为 360 万元的库存商品外，其他各项可辨认资产、负债的账面价值与其公允价值、计税基础均相同。

假定不考虑其他因素。

要求：

（1）计算甲公司 2×15 年度的应纳税所得额和应交所得税。

（2）根据资料一至资料三，逐项分析甲公司每一交易或事项对递延所得税的影响金额（如无影响，也明确指出无影响的原因）。

（3）根据资料一至资料三，逐笔编制甲公司与递延所得税有关的会计分录（不涉及递延所得税的，不需要编制会计分录）。

（4）计算甲公司利润表中应列示的 2×15 年度所得税费用。

根据资料四，分别计算甲公司在编制购买日合并财务报表时应确认的递延所得税和商誉的金额，并编制与购买日合并资产负债表有关的调整抵销分录。

第二章

会 计 调 整

本章要点

一、会计政策变更

（一）会计政策的概念

会计政策，是指企业在会计确认、计量和报告中所采用的原则、基础和会计处理方法。

（二）会计政策变更

1. 会计政策变更的概念

会计政策变更，是指企业对相同的交易或者事项由原来采用的会计政策改用另一会计政策的行为。

2. 会计政策变更条件

（1）法律或国家统一的会计制度等行政法规、规章要求变更会计政策。

（2）会计政策的变更可以使会计信息变得更相关、更可靠。

3. 不属于会计政策变更的情况

（1）当期发生与以前有本质区别的全新业务采用新的会计政策。

（2）初次发生业务采用新的会计政策。

（3）同一业务前后所用的会计政策不一致，但这一业务不是重要业务，按重要性原则的要求，可以不视为会计政策变更来处理。

4. 会计处理方法

（1）方法归类

① 追溯调整法

该方法的思路是：视同该业务从一开始用的就是新政策，并依此思路将以前政策下的所有会计核算指标进行“翻新”。

② 未来适用法

该方法的思路是：新的会计政策仅适用于当期及以后各期业务，对以前的业务无须调整至新会计政策口径。

（2）方法的选择

① 企业依据法律或国家统一的会计制度等行政法规、规章的要求变更会计政策，分别按以下情况处理：

a. 国家如果明确规定了处理方法的则从其规定。

b. 国家未做明确规定的，按追溯调整法处理。

② 会计政策变更能够提供更可靠、更相关的会计信息的，应当采用追溯调整法处理，将会计政策变更累积影响数调整列报前期最早期初留存收益，其他相关项目的期初余额和列报前期披露的其他比较数据也应当一并调整，但确定该项会计政策变更累积影响数不切实可行的除外。

③ 确定会计政策变更对列报前期影响数不切实可行的，应当从可追溯调整的最早期间期初开始应用变更后的会计政策。在当期期初确定会计政策变更对以前各期累积影响数不切实可行的，应当采用未来适用法处理。

（3）追溯调整法的处理步骤

① 计算会计政策变更的累积影响数。所谓会计政策变更的累积影响数，是指假设与会计政策变更相关的交易或事项在初次发生时即采用新的会计政策，而得出的变更年度期初留存收益应有的金额与现有的金额之间的差额，会计政策变更的累积影响数是对变更会计政策所导致的对净损益的累积影响，以及由此导致的对利润分配和未分配利润的累积影响金额，但不包括分配的利润或股利。

a. 根据新的会计政策重新计算受影响的前期交易或事项；

b. 计算两种会计政策下的差异；

c. 计算差异的所得税影响金额；

d. 确定前期中的每一期的税后差异；

e. 计算会计政策变更的累积影响数。

在实务操作中，为了能够明晰地对比出两种会计政策的差异，可以同时列示出两种会计政策下的业务处理，通过直接对比的方式来发现业务处理的差异并作出调整分录。

② 进行相关的账务处理。

③ 调整会计报表相关项目。

a. 会计政策变更的累积影响数应包括在当年的会计报表的期初留存收益中。

b. 对于比较会计报表诸项目也应按新的会计政策口径来调整。常见的影响项目是：比较会计报表期间的期初留存收益与当年的利润分配和期末留存收益。

④ 会计报表附注说明。

（4）未来适用法的处理程序

（5）会计政策变更的报表披露

① 会计政策变更的性质、内容和原因。

② 当期和各个列报前期财务报表中受影响的项目名称和调整金额。

③ 无法进行追溯调整的，说明该事实和原因以及开始应用变更后的会计政策的时点、具体应用情况。

二、会计估计变更

（一）会计估计的概念

由于企业经营活动中的不确定因素而造成的估计。

（二）会计估计的特点

1. 会计估计的存在是由于经济活动中内在的不确定性因素的影响

2. 会计估计应当以最近可利用的信息或资料为基础

3. 进行会计估计并不会削弱会计核算的可靠性

（三）会计估计变更

1. 会计估计变更的概念

会计估计变更，是指由于资产和负债的当前状况及预期经济利益和义务发生了变化，从而对资产或负债的账面价值或者资产的定期消耗金额进行调整。

2. 会计估计变更的会计处理方法——未来适用法

（1）如果会计估计的变更仅影响变更当期，有关估计变更的影响应于当期确认。

（2）如果会计估计的变更既影响变更当期又影响未来期间，有关估计变更的影响在当期及以后各期确认。

（3）为了保证一致性，会计估计变更的影响数应计入变更当期与前期相同的项目中。

3. 会计估计变更的报表披露

（1）会计估计变更的内容和原因。

（2）会计估计变更对当期和未来期间的影响数。

（3）会计估计变更的影响数不能确定的，披露这一事实和原因。

三、前期差错更正

（一）前期差错的概念

前期差错，是指由于没有运用或错误运用下列两种信息，而对前期财务报表造成省略或错报。

（1）编报前期财务报表时预期能够取得并加以考虑的可靠信息。

（2）前期财务报告批准报出时能够取得的可靠信息。

前期差错通常包括计算错误、应用会计政策错误、疏忽或曲解事实以及舞弊产生的影响以及存货、固定资产盘盈等。所谓“前期差错”，应当是指重要的前期差错以及虽然不重要但故意造成的前期差错。

前期差错的重要程度，应根据具体差错的性质和金额加以判断。例如，企业的存货盘盈，应将盘盈的存货计入当期损益。对于固定资产盘盈，应当查明原因，采用追溯重述法进行更正。

（二）前期差错的更正原则

（1）企业应当采用追溯重述法更正重要的前期差错，但确定前期差错累积影响数不切实可行的除外。

追溯重述法，是指在发现前期差错时，视同该项前期差错从未发生过，从而对财务报表相关项目进行更正的方法。

（2）当确定前期差错影响数不切实可行的，可以从可追溯重述的最早期间开始调整留存收益的期初余额，财务报表其他相关项目的期初余额也应当一并调整，也可以采用未来适用法。

（3）发生在资产负债表日后期间的前期差错应参照资产负债表日后事项处理。

（4）对于不重要的前期差错应视同当期差错进行修正。

（三）前期差错更正的报表附注披露

（1）前期差错的性质。

（2）逐项列报前期财务报表中受影响的项目名称和更正金额。

（3）无法进行追溯重述的，说明该事实和原因以及对前期差错开始进行更正的时点、具体更正情况。

四、资产负债表日后事项

（一）资产负债表日后事项的概念

资产负债表日后事项是指资产负债表日至财务报告批准报出日之间发生的有利或不利事项。

（二）界定资产负债表日后事项需掌握的关键知识点

（1）年度资产负债表日是指 12 月 31 日。

（2）财务报告批准报告日是由董事会或经理（厂长）会议或类似机构批准财务报告报出的日期。

（3）资产负债表日后事项所涵盖的期间，是指报告年度次年的 1 月 1 日至董事会、经理（厂长）会议或类似机构对财务报告的批准报出日之间的期间。

如果在财务报告的批准报出日至正式报出之间又发生了需调整或说明的事项，则需重新修正报告内容并再次确定财务报告的批准报出日，此时资产负债表日后事项的期间界限就要延至新确定的财务报告批准报出日。如果再次出现上述情况，又要重新确定财务报告批准报出日，资产负债表日后事项又得依此类推。

（4）并非发生在资产负债表日后期间的所有事项都定为资产负债表日后事项，而是那些与资产负债表日存在状况有关的事项或对企业财务状况具有重大影响的事项。

（5）资产负债表日后事项既包括不利的事项也包括有利的事项。

（6）终止营业不是资产负债表日后事项。因为它涉及非持续经营的会计处理方法。而资产负债表日后事项所涉及的事项是持续经营状态下的会计处理。

（三）资产负债表日后事项的分类

表 2-1 资产负债表日后事项的分类

调整事项	在资产负债表日或以前已经存在，资产负债表日后得以证实的事项	对按资产负债表日存在状况编制的会计报表产生重大影响的事项
非调整事项	资产负债表日并未发生或存在，完全是期后发生的事项	对理解和分析财务会计报告有重大影响的事项

（四）调整事项的会计处理原则

1. 总的原则

视同编制当时就知道此事项，将相关报表项目调整至应有的数字口径。

2. 具体原则

（1）涉及损益的，通过“以前年度损益调整”来处理。

（2）涉及利润分配事项的，直接在“利润分配——未分配利润”科目核算。

（3）不涉及损益和利润分配的事项，应调整相关项目。

（4）需修改的报告项目：

① 资产负债表日编制的会计报表相关项目的数字；

② 当期编制的会计报表相关项目的年初数；

③ 提供比较会计报表时，还应调整相关会计报表的上年数；

④ 经过上述调整后，如果涉及会计报表附注内容的，还应当调整会计附注相关项目的数字。

（五）非调整事项的会计处理原则

资产负债表日后发生的非调整事项，应当在会计报表附注中说明事项的内容，估计对财务状况、经营成果的影响；如无法作出估计，应当说明无法估计的理由。

本章习题

一、单项选择题

1. 某公司于 2×19 年末购入一台管理用设备并投入使用，入账价值为 403 500 元，预计使用寿命为 10 年，预计净残值为 3 500 元，自 2×20 年 1 月 1 日起按年限平均法计提折旧。2×24 年初，由于技术进步等原因，公司将该设备预计使用寿命变更为 6 年，预计净残值变更为 1 500 元，所得税税率为 25%，税法允许按照变更后的折旧额在税前扣除。该项变更对 2×24 年度净利润的影响金额为（　　）元。

A. −81 000　　B. −60 750　　C. 81 000　　D. 54 270

2. 甲公司 2×21 年 7 月自行研发完成一项专利权，并于当月投入使用，实际发生研究阶段支出 1 200 万元，开发阶段支出 8 000 万元（符合资本化条件），确认为无形资产，按直线法摊销，预计净残值为 0。2×22 年 5 月检查发现，会计人员将本应为 8 年的摊销期限错误地估计为 10 年，2×21 年所得税申报时已按相关成本费用的 200%进行税前扣除。税法规定的摊销期限、摊销方法、预计净残值与会计规定相同。企业所得税税率为 25%，按净利润的 10%计提盈余公积。假定税法允许其调整企业所得税税额，不考虑其他因素，甲公司追溯重述此差错更正时所做的下列会计处理中，正确的是（　　）。

A. 调增盈余公积 5 万元　　B. 调增应交所得税额 25 万元

C. 调减未分配利润 45 万元　　D. 调增累计摊销 150 万元

3. A 公司 2×21 年实现净利润 300 万元。该公司 2×21 年 12 月份发生或发现的下列交易或事项中，会影响其年初未分配利润的是（　　）。

A. 发现 2×20 年少计管理费用 100 万元

B. 为 2×20 年售出的产品提供售后服务发生支出 30 万元

C. 发现 2×20 年多提折旧费用 20 万元

D. 因客户资信及财务状况明显改善将应收账款坏账准备计提比例由 5%改为 3%

4. 下列交易或事项中，应作为会计政策变更处理的是（　　）。

A. 因执行新会计准则将建造合同收入的确认方法由完成合同法改为完工百分比法

B. 和租赁公司变更协议，将原经营租入的固定资产改为融资租入，变更会计核算方法

C. 因持股比例变化导致长期股权投资从原按权益法核算改为按成本法核算

D. 低值易耗品摊销方法由一次摊销法变更为分次摊销法

5. S 公司对所得税采用资产负债表债务法核算，适用的所得税税率为 25%，2016 年 10 月以 600 万元购入 W 上市公司的股票，作为短期投资，期末按成本与市价孰低计量。S 公司从 2017 年 1 月 1 日起执行新准则，并按照新准则的规定将该项股权投资划分为交易性金融资产，期末按照公允价值计量，2016 年末该股票公允价值为 750 万元，该会计政策变更对 S 公司 2017 年期初留存收益的影响金额为（　　）万元。

A. 145　　B. 150　　C. 112.5　　D. 108.75

6. 某企业于 2×21 年 12 月 11 日购入不需安装的设备一台并投入使用。该设备入账价值为 1 500 万元，采用年数总和法计提折旧（税法规定采用年限平均法），折旧年限为 5 年（与税法规定一致），预计净残值为零（与税法规定一致）。假定该企业从 2×23 年 1 月 1 日开始执行新准则，将所得税核算方法由应付税款法变更为资产负债表债务法。同时对该项固定资产改按平均年限法计提折旧。该企业适用的所得税税率为 25%，不考虑其他因素，该企业会计政策变更的累积影响数为（　　）万元。

A. －50　　B. 50　　C. 200　　D. 150

7. 2×21 年 11 月 24 日，甲公司发现 2×20 年 2 月购入的固定资产一直没有计提折旧，计算 2×20 年应纳税所得额时也未税前列支该项固定资产的折旧额。该项固定资产的入账价值 720 万元，预计使用寿命为 6 年，预计净残值为 0，应采用直线法计提折旧。税法上的折旧年限、折旧方法、预计净残值与会计上是一致的。甲公司适用的所得税税率为 25%，按净利润的 10%提取法定盈余公积。甲公司应调整 2×21 年初未分配利润的金额为（　　）万元。

A. －75　　B. －90　　C. 67.5　　D. －67.5

8. 某上市公司 2×21 年度的财务会计报告于 2×22 年 4 月 30 日批准报出，2×22 年 12 月 31 日，该公司发现了 2×20 年度的一项重大会计差错（不影响 2×21 年度的损益）。该公司正确的做法是（　　）。

A. 调整 2×22 年度资产负债表的年初数

B. 调整 2×22 年度资产负债表的年末数和利润表的本年数

C. 调整 2×21 年度资产负债表的年末数和利润表的本年数

D. 调整 2×21 年度资产负债表的年初数和利润表的上年数

9. 甲公司2×24年以前按销售额的1%预提产品质量保证费用，董事会决定自2×24年度开始改按销售额的10%预提产品质量保证费用。假定以上事项具有重大影响，且每年按销售额的1%预提的产品质量保证费用与实际发生的产品质量保证费用大致相符，甲公司在2×25年年度财务报告中对上述事项正确的会计处理方法是（　　）。

A. 作为会计政策变更予以调整，并在会计报表附注中披露

B. 作为会计估计变更予以调整，并在会计报表附注中披露

C. 作为前期差错更正采用追溯重述法进行调整，并在会计报表附注中披露

D. 不作为会计政策变更、会计估计变更或前期差错更正予以调整，不在会计报表附注中披露

10. 甲公司为上市公司，其2×21年度财务报告于2×22年3月1日对外报出。该公司在2×21年12月31日有一项未决诉讼，经咨询律师，估计很可能败诉且预计赔偿的金额在760万元至1 000万元之间（含7万元诉讼费）。为此，甲公司预计了880万元的负债；2×22年1月30日法院判决甲公司败诉且需赔偿1 200万元，并同时承担诉讼费用10万元。上述事项对甲公司2×21年度利润总额的影响为（　　）万元。

A. −880　　B. −1 000　　C. −1 200　　D. −1 210

11. 甲公司2×21年12月31日应收乙公司账款2 000万元，因乙公司经营不善，财务状况不理想，甲公司提取了坏账准备200万元。2×22年2月20日，甲公司获悉乙公司于2×22年2月18日向法院申请破产。甲公司估计应收乙公司账款全部无法收回。甲公司按照净利润的10%提取法定盈余公积，2×21年度财务报表于2×22年4月20日经董事会批准对外报出。甲公司所得税率为25%。甲公司因该资产负债表日后事项而导致2×21年12月31日未分配利润减少的金额是（　　）万元。

A. 1 800　　B. 1 215　　C. 1 620　　D. 2 000

12. D公司适用的所得税税率为25%，2×21年度财务报告于2×22年3月10日批准报出。2×22年2月5日，法院判决D公司应赔偿乙公司专利侵权损失500万元，D公司不服决定上诉，经向律师咨询，D公司认为法院很可能维持原判。乙公司是在2×21年10月6日向法院提起诉讼，要求D公司赔偿专利侵权损失600万元。至2×21年12月31日，法院尚未判决，经向律师咨询，D公司就该诉讼事项于2×21年度确认预计负债300万元。D公司不正确的会计处理是（　　）。

A. 该事项属于资产负债表日后调整事项

B. 应在2×21年资产负债表中调整增加预计负债200万元

C. 应在2×21年资产负债表中调减预计负债300万元，同时确认其他应付款500万元

D. 2×21年资产负债表中因该业务共确认递延所得税资产125万元

二、多项选择题

1. 下列各项中，属于会计政策变更的有（　　）。

A. 坏账准备的提取比例发生改变

B. 所得税核算方法由应付税款法改为资产负债表债务法

C. 投资性房地产的后续计量由成本模式改为公允价值模式

D. 2017年初甲公司处置了子公司40%的股份，使得原持股比例由70%降至30%，后续影响达到重大影响程度，于是在2017年初甲公司将剩余的30%的股份由原成本法核算追溯调整为权益法核算

E. 合并报表的准备工作中，母公司对子公司的长期股权投资由成本法核算追溯调整为权益法核算

2. 甲公司于2×22年初将投资性房地产的后续计量模式由成本模式转为公允价值模式，变更当日该投资性房地产账面原价为300万元，已提折旧100万元，公允价值为240万元，甲公司所得税税率为25%，采用资产负债表债务法核算所得税，盈余公积按净利润的10%提取，税法认可该投资性房地产的成本计量口径。基于此政策变更的如下指标计算中，正确的有（　　）。

A. 递延所得税负债增加10万元

B. 年初盈余公积增加3万元

C. 年初未分配利润增加27万元

D. 年初留存收益增加30万元

E. 会计政策变更累积影响数为40万元

3. 下列项目中，属于会计估计变更的有（　　）。

A. 对产品质量保证费用的提取比例的修正

B. 建造合同的完工进度估计方法的改变

C. 投资性房地产公允价值估计方法的改变

D. 将固定资产按直线法计提折旧改为按年数总和法计提折旧

E. 资产组认定口径的调整

4. 对上年度财务报告批准报出后发生的下列事项，企业一般应当采用追溯调整法或追溯重述法进行会计处理的有（　　）。

A. 盘盈一项固定资产

B. 债权投资因部分处置被重分类为其他权益工具投资

C. 发现上年年初取得的一项使用寿命确定的无形资产一直没有计提摊销

D. 对于以经营租赁方式出租厂房，将其由固定资产转为公允价值模式计量的投资性房地产

5. 关于会计政策变更，下列表述中不正确的有（　　）。

A. 会计政策变更涉及损益时，应该通过“以前年度损益调整”科目核算

B. 对于初次发生的交易或事项采用新的会计政策，属于会计政策变更，但采用未来适用法处理

C. 采用未来适用法处理的会计政策变更，不需要计算累积影响数，但需要调整以前年度的财务报表

D. 连续、反复的自行变更会计政策，应按照前期差错更正的方法处理

6. 甲公司为国有大型企业，适用的所得税税率为25%。于2×21年1月1日开始对有关会计政策和会计估计做如下变更：（1）2×21年1月1日对某栋以经营租赁方式租

出的办公楼的后续计量由成本模式改为公允价值模式。该办公楼 2×21 年初账面价值为 10 000 万元，未发生减值，变更日的公允价值为 20 000 万元。(2) 管理用固定资产的预计使用年限由 10 年改为 8 年。甲公司管理用固定资产原折旧额为每年 100 万元（与税法规定相同），2×21 年计提的折旧额为 300 万元。假设变更日资产的计税基础与其账面价值相同。下列关于甲公司的会计处理中，正确的有（　　）。

A. 变更日对出租办公楼调增其账面价值 10 000 万元

B. 变更日对出租办公楼应确认递延所得税负债 2 500 万元

C. 将 2×21 年度管理用固定资产增加的折旧 200 万元计入当年度损益

D. 管理用固定资产应确认相应的递延所得税负债 50 万元

7. 下列各项中，应采用未来适用法处理的有（　　）。

A. 企业因账簿超过法定保存期限而销毁，导致会计政策变更累积影响数只能确定账簿保存期限内的部分

B. 企业账簿因不可抗力因素而毁坏，导致累积影响数无法确定

C. 会计政策变更累积影响数能够确定，但法律或行政法规要求对会计政策的变更采用未来适用法

D. 会计估计变更

8. 下列各项中，不属于会计差错的有（　　）。

A. 固定资产达到预定可使用状态后，相关的借款费用计入当期损益

B. 盘盈一批存货

C. 以旧换新业务中，按照新商品售价减去所回收旧商品的买价后的差额确认收入

D. 开始和完成分属不同年度的劳务，且在资产负债表日提供劳务交易的结果能够可靠估计的，应采用完工百分比法确认收入

9. 下列有关会计差错的处理中，符合现行会计准则规定的有（　　）。

A. 对于当期发生的重大差错，调整当期相关项目的金额

B. 对于发现的以前年度影响损益的重大差错，应当调整发现当期的期初留存收益

C. 对于比较会计报表期间的重大差错，编制比较会计报表时应调整相应期间的净损益及其他相关项目

D. 对于年度资产负债表日后期间发现的报告年度的重大差错，应作为资产负债表日后非调整事项处理

10. 甲公司 2×21 年 2 月在上年度财务会计报告批准报出前，发现一台管理用固定资产未计提折旧，属于重大差错。该固定资产系 2×19 年 6 月接受乙公司捐赠取得。根据甲公司的折旧政策，该固定资产 2×19 年应计提折旧 200 万元，2×20 年应计提折旧 400 万元。假定甲公司按净利润的 10%提取法定盈余公积。不考虑所得税等其他因素，甲公司下列处理中，正确的有（　　）。

A. 甲公司 2×20 年度资产负债表“固定资产”项目“年末数”应调减 600 万元

B. 甲公司 2×20 年度资产负债表“未分配利润”项目“年末数”应调减 540 万元

C. 甲公司2×20年度利润表“管理费用”项目“本期金额”应调增400万元

D. 甲公司2×20年度利润表“管理费用”项目“本期金额”应调增600万元

11. M上市公司2×21年度财务报告批准报出日为2×22年4月15日。该公司在2×22年1月1日至4月15日之间发生的下列事项中，不属于资产负债表日后调整事项的有（　　）。

A. 处置其子公司

B. 支付2×21年度财务报表审计费

C. 董事会提出2×21年度现金股利分配方案

D. 2×21年已确认收入的商品销售，因质量问题而被退货，销售时未预计退货率

12. 关于资产负债表日后事项，下列说法中不正确的有（　　）。

A. 资产负债表日后事项中的调整事项，涉及损益调整的，直接通过“利润分配——未分配利润”科目核算

B. 资产负债表日已确认预计负债的或有事项在日后期间转化为确定事项时，应依据资产负债表日后事项准则做相应处理

C. 资产负债表日后调整事项，虽然已经调整了相关报表项目，但仍应在财务报告附注中进行披露

D. 资产负债表日后事项是指所有发生在资产负债表日后期间的不利事项

三、判断题

1. 在坏账损失采用备抵法核算的情况下，计提坏账准备的方法由应收款项余额百分比法改为账龄分析法或其他合理的方法，或者由账龄分析法或其他合理的方法改为应收款项余额百分比法，一般应作为会计政策变更来处理。（　　）

2. 企业对初次发生的或不重要的交易或事项采用新的会计政策，属于会计政策变更。（　　）

3. 会计政策变更时，无论采用追溯调整法还是未来适用法，均应当计算累积影响数。（　　）

4. 累积影响数实际是对以前年度累计净利润的影响数，或是对会计政策变更年度期初留存收益的影响数。（　　）

5. 本期发生的交易或事项与以前相比具有本质差别而采用新的会计政策，不属于会计政策变更。（　　）

6. 除法律或者会计制度等行政法规、规章要求外，企业不得自行变更会计政策。（　　）

7. 企业对于本期发现属于以前年度的重大前期差错，只需调整会计报表相关项目的期初数，无须在会计报表附注中披露。（　　）

8. 固定资产折旧方法变更应作为会计政策变更进行会计处理。（　　）

9. 将经营性租赁的固定资产通过变更合同转为融资租赁固定资产，在会计上应当作为会计政策变更处理。（　　）

10. 企业对于本期发现的属于以前年度影响损益的重大前期差错，应调整本期利润表相关项目的金额。（　）

四、名词解释

1. 会计政策
2. 会计估计
3. 会计政策变更
4. 会计估计变更
5. 前期差错
6. 资产负债表日后事项

五、简答题

1. 会计政策变更与会计估计变更如何区分？
2. 会计政策变更的会计处理方法如何选择？
3. 前期差错更正的会计处理原则是什么？
4. 如何界定资产负债表日后调整事项与非调整事项？
5. 资产负债表日后调整事项需调整的报表有哪些？

六、业务题

1. 甲公司是一家大型物流企业，适用的所得税税率为25%，采用资产负债表债务法核算所得税，每年按净利润的10%提取法定盈余公积。2×11—2×21年发生如下经济业务：

（1）甲公司于2×11年12月31日购置一栋办公楼，买价为1 000万元，相关税费34万元，预计使用寿命为50年，假定土地使用权与地上建筑物无法合理分割。该房产预计残值收入40万元，预计清理费用6万元。甲公司采用直线法对此房产提取折旧（税法处理与会计上的处理口径一致）。

（2）2×15年1月1日，甲公司将该办公楼对外出租，租期10年，每年初收取租金30万元，当天即为出租日。因同地段的房地产交易不活跃，无法合理获取房产的公允价值，甲公司采用成本模式对投资性房地产进行后续计量。

（3）2×17年末因国家宏观调控，此办公楼发生事实贬值，预计可收回价值为550万元，预计使用期限未变，但预计净残值调整为22万元。

（4）2×19年初因甲公司所在城市在此办公楼附近建开发区，带来周边房产交易活跃，甲公司据此将投资性房地产的计量模式转为公允计量模式，根据2×19年初周边房产的市场价格推定此办公楼的公允价值为1 000万元。

（5）2×19年末此办公楼公允价值为1 020万元。

（6）2×20年末此办公楼的公允价值为1 015万元。

（7）2×21年初甲公司将该办公楼在房地产交易所出售，成交价为1 300万元，假设不考虑相关税费。

要求：

（1）计算甲公司2×17年末对办公楼计提的减值准备金额，并编制会计分录。

（2）计算甲公司2×18年计提的折旧额。

（3）甲公司2×19年初成本模式转为公允模式时的会计分录。

（4）编制2×21年甲公司处置此房产时的会计分录，并计算因处置业务对营业利润的影响金额（答案中的金额单位以万元表示）。

2. 甲股份有限公司为上市公司（以下简称甲公司），系增值税一般纳税人，适用的增值税税率为13%，甲公司2×23年度财务报告于2×24年4月10日经董事会批准对外报出。报出前有关情况和业务资料如下：

（1）甲公司在2×24年1月进行内部审计过程中，发现以下情况：

① 2×23年7月1日，甲公司采用支付手续费方式委托乙公司代销B产品200件，售价为每件10万元，按售价的5%向乙公司支付手续费（由乙公司从售价中直接扣除）。当日，甲公司发了B产品200件，单位成本为8万元。甲公司据此确认应收账款1 900万元、销售费用100万元、销售收入2 000万元，同时结转销售成本1 600万元。

2×23年12月31日，甲公司收到乙公司转来的代销清单，B产品已销售100件，同时开出增值税专用发票；但尚未收到乙公司代销B产品的款项。当日，甲公司确认应收账款170万元，应交增值税销项税额130万元。

② 2×23年12月1日，甲公司与丙公司签订合同销售C产品一批，售价为2 000万元，成本为1 560万元。当日，甲公司将收到的丙公司预付货款1 000万元存入银行。2×23年12月31日，该批产品尚未发出，也未开具增值税专用发票。甲公司据此确认销售收入1 000万元，结转销售成本780万元。

③ 2×23年12月31日，甲公司对丁公司长期股权投资的账面价值为1 800万元，拥有丁公司60%有表决权的股份。当日，如将该投资对外出售，预计售价为1 500万元，预计相关税费为20万元；如继续持有该投资，预计在持有期间和处置时形成的未来现金流量的现值总额为1 450万。甲公司据此于2×23年12月31日对该长期股权投资计提减值准备300万元。

（2）2×24年1月1日至4月10日，甲公司发生的交易或事项资料如下：

① 2×24年1月12日，甲公司收到戊公司退回的2×23年12月从其购入的一批D产品，以及税务机关开具的进货退回相关证明。当日，甲公司向戊公司开具红字增值税专用发票。该批D产品的销售价格为300万元，增值税额为39万元，销售成本为240万元。至2×24年1月12日，甲公司尚未收到销售D产品的款项。

② 2×24年3月2日，甲公司获知庚公司被法院依法宣告破产，预计应收庚公司款项300万元收回的可能性极小，应按全额计提坏账准备。

甲公司在2×23年12月31日已被告知庚公司资金周转困难可能无法按期偿还债务，因而相应计提了坏账准备180万元。

（3）其他资料

① 上述产品销售价格均为公允价格（不含增值税）；销售成本在确认销售收入时逐笔结转。除特别说明外，所有资产均未计提减值准备。

② 甲公司适用的所得税税率为25%；假定预计未来期间能够产生足够的应纳税所得额用于抵扣暂时性差异。不考虑除增值税、所得税以外的其他相关税费。

③ 甲公司按照当年实现净利润的10%提取法定盈余公积。

要求：

（1）判断上述资料（1）中相关交易或事项的会计处理，哪些不正确（分别注明其序号）。

（2）对上述资料（1）中判断为不正确的会计处理，编制相应的调整分录。

（3）判断上述资料（2）中相关资产负债表日后事项，哪些属于调整事项（分别注明其序号）。

（4）对上述资料（2）中判断为资产负债表日后调整事项的，编制相应的调整分录。

（答案金额以万元为单位）

第三章

外币业务会计

本章要点

一、外币业务概述

（一）记账本位币的确定

企业选定记账本位币，应当考虑下列因素：

（1）该货币主要影响商品和劳务的销售价格，通常以该货币进行商品和劳务的计价和结算。

（2）该货币主要影响商品和劳务所需人工、材料和其他费用，通常以该货币进行上述费用的计价和结算。

（3）融资活动获得的货币以及保存从经营活动中收取款项所使用的货币。

企业不得随意变更其已经确定的记账本位币，除非其经营所处的主要经济环境发生了重大变化。企业因经营所处的主要经济环境发生重大变化，确需变更记账本位币的，应当采用变更当日的即期汇率将所有项目折算为变更后的记账本位币。

（二）外币业务的相关概念

（1）直接标价法。又称应付标价法，是指每单位外币可兑换的本国货币金额，或者说，是以一定单位的外国货币为标准，来计算应付若干单位的本国货币。其特点是：外币数额固定不变，本国货币的数额随着汇率的高低变化而变化，本国货币币值的大小与汇率的高低成反比。

（2）间接标价法。又称应收标价法，是指每单位本国货币可兑换的外币金额，或者说，是以一定单位的本国货币为标准，来计算应收若干单位的外币。其特点是：本国货币数额固定不变，外国货币的数额随着汇率的高低变化而变化，本国货币币值的大小与汇率的高低成正比。

（3）外币兑换。通常情况下，本国货币与外币之间的兑换，应根据本币对外币的买入汇率和卖出汇率进行；不同外币之间的兑换，可以直接根据这两种外币之间的汇率，也可以根据这两种外币对本国货币的汇率进行套算。

（4）外币折算。外币折算是将不同的外币金额换算成同一的记账本位币（功能货币）的程序，它是会计上对原有外币金额的重新表述。外币折算分为外币交易的折算和外币报表的折算。

（5）汇兑损益。汇兑损益是指发生的外币业务折合为记账本位币记账时，由于业务发生的时间不同，所采用的汇率不同而产生的记账本位币的差额；或者是不同货币兑换，由于两种货币采用的汇率不同而产生的折合为记账本位币的差额。汇兑损益给企业带来收益或者损失，是衡量企业外汇风险的一个指标。

汇兑损益按其是否已经在本期实现，可分为以下两类：

其一，已实现的汇兑损益，是指产生汇兑损益的外币业务在本期内已经全部完成所产生的汇兑损益。例如，收到的外币存款在实际支付时，应收的外币债权在实际收回时，应付的外币债务在实际偿还时，不同货币在实际兑换时。一般来说，交易损益和兑换损益属于已实现汇兑损益。

其二，未实现的汇兑损益，是指产生汇兑损益的外币业务尚未完成，例如，收到的外币存款尚未实际支付，应收的外币债权尚未实际收回，应付的外币债务尚未实际偿还；一种货币尚未兑换为另一种货币。一般来说，调整损益和折算损益属于未实现的汇兑损益。

二、外币交易的会计处理

（一）外币交易的记账方法和账户设置

外币交易的记账方法有外币统账制和外币分账制。

在外币统账制下，企业也应当设置相应的外币账户。这些外币账户的特点是采用"复币记账"，即使用记账本位币和外币双重计量尺度。主要包括外币现金、外币银行存款（如果允许开设现汇账户的话）、以外币结算的债权和债务账户。以外币结算的债权账户包括应收账款、应收票据、预付账款等；以外币结算的债务账户包括短期借款、长期借款、应付账款、应付票据、预收账款等。

（二）外币交易会计处理的两种观念

1. 单项交易观

单项交易观，也称"单一（项）交易观点"，是将某项交易的发生和随后的账款结算视为一项完整业务，是一笔交易的两个阶段。该观点认为，由于外币业务中汇率变动的影响是客观存在且不可预知的，那么该项交易外币账款结算后方告完成；而此前因不同时点汇率的变动所产生折合记账本位币金额的差额，应调整该项交易已入账的成本或收入，而不应另作当期汇兑损益处理。

2. 两项交易观点

"两项交易观点"也称"两笔业务观点"，是将外币交易的发生和随后的账款结算视为两项独立的交易业务，该交易从发生至货币结算期间由于汇率变动而产生的折合记账本位币的差额，不调整原来的成本或收入，而应作为当期损益的一个明细账或单独设立"汇兑损益"账户进行反映。该观点下，交易按一定标准及当期汇率确认发生后不再更改。

目前，国际上包括我国在内的绝大多数国家在外币业务会计处理中均采用两笔交易观点。

（三）外币统账制下外币交易的会计处理

1. 基本程序

企业发生外币交易时，其会计核算的基本程序为：

第一，将外币金额按照交易日的即期汇率或即期汇率的近似汇率折算为记账本位币金额，按照折算后的记账本位币金额登记有关账户；在登记有关记账本位币账户的同时，按照外币金额登记相应的外币账户。

第二，期末，将所有外币货币性项目的外币余额，按照期末即期汇率折算为记账本位币金额，并与原记账本位币金额相比较，其差额计入“财务费用——汇兑差额”科目。

第三，结算外币货币性项目时，将其外币结算金额按照当日即期汇率折算为记账本位币金额，并与原记账本位币金额相比较，其差额计入“财务费用——汇兑差额”科目。

2. 交易日的会计处理

外币交易发生时，应当将有关外币金额折合为记账本位币金额记账。除另有规定外，所有与外币业务有关的账户，应当采用交易日的即期汇率，也可以采用业务发生当期的即期汇率的近似汇率。如果汇率波动使得采用即期汇率的近似汇率折算不适当时，应当采用交易发生日的即期汇率折算。

3. 会计期末或结算日外币交易的会计处理

资产负债表日，企业应当分别外币货币性项目和外币非货币性项目进行处理。

（1）货币性项目的处理。对于外币货币性项目，资产负债表日或结算日，因汇率波动而产生的汇兑差额作为财务费用处理，同时调增或调减外币货币性项目的记账本位币金额。

（2）非货币性项目的处理。对于以历史成本计量的外币非货币性项目，已在交易发生日按当日即期汇率折算，资产负债表日不应改变其原记账本位币金额，不产生汇兑差额。但是，由于存货在资产负债表日采用成本与可变现净值孰低计量，因此，在以外币购入存货并且该存货在资产负债表日的可变现净值以外币反映的情况下，在计提存货跌价准备时应当考虑汇率变动的影响。此时的存货的可变现净值既受到价格变动的影响又受到期末汇率变动的影响，是两个因素综合影响的结果。

对于以公允价值计量的股票、基金等非货币性项目，如果期末的公允价值以外币反映，则应当先将该外币按照公允价值确定当日的即期汇率折算为记账本位币金额，再与原记账本位币金额进行比较，其差额作为公允价值变动损益，计入当期损益，而不作为外币折算的汇兑损益，因为此时的差额既受到价格变动的影响又受到期末汇率变动的影响，是两个因素综合影响的结果，而外币折算的汇兑损益是只受到汇率变动的影响，所以对于以公允价值计量的外币股票、外币基金此类的交易性金融资产等非货币性项目的期末计价形成的差额计入公允价值变动损益。如属于其他权益工具投资外币非货币性项目的，形成的汇兑差额计入其他综合收益。

三、外币报表折算

（一）外币会计报表折算方法

1. 现行汇率法

现行汇率法又称期末汇率法，它是一种单一汇率法，而另三种方法都是针对不同的资产、负债项目采用不同的折算汇率，因此被称作多种汇率法。在该种方法下，资产负债表中的所有资产、负债项目，都按照编表日的现行汇率（期末汇率）进行折算，只有所有者权益中的实收资本、资本公积等资本项目按收到时的历史汇率进行折算。利润表中的收入和费用项目，理论上应按确认这些项目时的汇率折算，但鉴于此类业务的大量、繁杂，为简化起见，也可以采用编表期内的平均汇率（简单平均汇率或加权平均汇率）进行折算。外币会计报表折算中产生的差额在资产负债表的所有者权益“其他综合收益”项目中反映，并逐年累积下去。

根据我国《企业会计准则第 19 号——外币折算》的规定，企业将境外经营子公司的财务报表并入本企业财务报表时，应遵循下列规定进行折算：

（1）资产负债表中的资产、负债项目，采用资产负债日的即期汇率折算，所有者权益项目除“未分配利润”项目外，其他项目采用发生时的即期汇率折算。也就是说，将资产和负债项目全部按照资产负债表日的现行汇率折算，对于所有者权益项目（“未分配利润”除外）均按照权益发生时的历史汇率折算。

（2）利润表中的收入和费用项目采用交易发生日的即期汇率折算，也可以采用按照系统、合理的方法确定的与交易日即期汇率近似的汇率折算。准则所倡导的方法是对损益类项目采用交易发生日的即期汇率，即历史汇率进行折算。此外，也可以采用与交易日即期汇率近似的汇率进行折算，但是这种汇率的确定方法应该是系统、合理的，具有一贯性，不能随意变更。比如，当汇率波动不大时，可以采用年度平均汇率等作为交易日汇率的近似值。显然，后者不是准则所倡导的方法。

（3）按照上述两步折算所产生的外币财务报表折算差额应当在并入后的资产负债表中作为所有者权益的“其他综合收益”反映，其中属于少数股东权益的部分，应列入少数股东权益项目。

由此可见，我国外币财务报表的折算实质上采用的是现行汇率法。

2. 流动与非流动性项目法

流动与非流动性项目法是将资产负债表项目按其流动性质，划分为流动性项目和非流动性项目两大类，并分别采用不同的汇率进行折算的方法。对于流动项目类的流动资产和流动负债，按照资产负债表日的期末现行汇率折算；对于非流动项目类的资产和负债，按照原来入账时的历史汇率折算；对于所有者权益中的实收资本、资本公积等资本项目，按照形成时的历史汇率进行折算；对于利润表各项目，除固定资产折旧费用和摊销费用（无形资产摊销、长期待摊费用）等按照相关资产入账时的历史汇率折算外，其他收入和费用各项目均按照当期的平均汇率折算。折算过程中发生的外币折算差额，依据谨慎性原则的要求，对折算净损失应计入当期损益，对于折算净收益，则应予以递延，列入资产负债表，用以抵销未来会计年度可能发生的折算损失。

3. 货币性与非货币性项目法

货币性项目和非货币性项目分别采用不同的汇率折算，即货币性项目按资产负债表编报日的现行汇率折算，非货币性项目按其发生时的历史汇率折算，实收资本、资本公积等资本项目按确认时的历史汇率折算，留存收益（如未分配利润）项目为轧算的平衡数。利润表中各项目的折算基本和流动与非流动性项目法相同。在折算过程中形成的外币折算差额应计入当期损益。

4. 时态法

按照时态法，外币会计报表的现金、应收项目和应付项目采用现行汇率折算；对于按历史成本反映的非货币性资产，采用历史汇率折算；对于按现行成本反映的非货币性资产，采用现行汇率折算；对所有者权益中的实收资本、资本公积等资本项目，采用确认时的历史汇率折算，所有者权益中除未分配利润以外的其他项目也采用历史汇率折算，未分配利润项目则为轧算的平衡数；对收入、费用项目，采用交易发生时的实际汇率折算，如果与收入和费用有关的业务比较频繁，可以采用当期加权平均汇率折算；对于折旧费用和摊销费用，如果是按历史成本反映的，采用历史汇率折算；如果是按现行成本反映的，则采用现行汇率折算。

（二）外币会计报表折算差额的处理

外币会计报表折算差额的会计处理，有不同选择。主要有两种方法：一是递延处理，二是计入当期损益。

经典考题

1.**【单项选择题】**（2017 年《中级会计实务》）甲公司以人民币作为记账本位币。2016 年 12 月 31 日，即期汇率为 1 美元＝6.94 元人民币，甲公司银行存款美元账户借方余额为 1 500 万美元，应付账款美元账户贷方余额为 100 万美元。两者在汇率变动调整前折算的人民币余额分别为 10 350 万元和 690 万元。不考虑其他因素。2016 年 12 月 31 日因汇率变动对甲公司 2016 年 12 月营业利润的影响为（　　）。

A. 增加 56 万元　　B. 减少 64 万元

C. 减少 60 万元　　D. 增加 4 万元

【答案】A

【解析】银行存款确认的汇兑收益＝1 500×6.94－10 350＝60（万元），应付账款确认的汇兑损失＝100×6.94－690＝4（万元）；因汇率变动导致甲公司增加的营业利润＝60－4＝56（万元）。

2.**【单项选择题】**（2016 年《中级会计实务》）甲公司以人民币作为记账本位币，对期末存货按成本与可变现净值孰低计价。2015 年 5 月 1 日，甲公司进口一批商品，价款为 200 万美元，当日即期汇率为 1 美元＝6.1 元人民币。2015 年 12 月 31 日，甲公司该批商品中仍有 50%尚未出售，可变现净值为 90 万美元，当日即期汇率为 1 美元＝6.2 元人民币。不考虑其他因素，2015 年 12 月 31 日，该批商品期末计价对甲公司利润总额的影响金额为（　　）万元人民币。

A. 减少 104　　B. 增加 104　　C. 增加 52　　D. 减少 52

【答案】D

【解析】期末结存商品可变现净值＝90×6.2＝558（万元人民币），期末存货成本＝200×6.1×50%＝610（万元人民币），期末存货确认资产减值损失＝610－558＝52（万元人民币），减少利润总额 52 万元人民币，选项 D 正确。

3.【多项选择题】（2017 年《中级会计实务》）下列各项涉及外币业务的账户中，企业因汇率变动须于资产负债表日对其记账本位币余额进行调整的有（　　）。

A. 固定资产　　B. 长期借款　　C. 应收账款　　D. 应付债券

【答案】BCD

【解析】选项 A，固定资产是以历史成本计量的非货币性资产，资产负债表日不需要调整其记账本位币金额。

4.【多项选择题】（2016 年《中级会计实务》）企业对境外经营财务报表折算时，下列各项中，应当采用资产负债表日即期汇率折算的有（　　）。

A. 固定资产　　B. 未分配利润　　C. 实收资本　　D. 应付账款

【答案】AD

【解析】对外币财务报表进行折算时，资产负债表中的资产和负债项目，采用资产负债表日的即期汇率折算，所有者权益项目除"未分配利润"项目外，其他项目采用交易发生时的即期汇率折算。

本章习题

一、单项选择题

1. 下列关于记账本位币的说法中，不正确的是（　　）。

A. 企业管理当局可以随意变更记账本位币

B. 企业的记账本位币，是指企业经营所处的主要经济环境中的货币

C. 企业管理当局根据实际情况只能确定其中一种货币作为记账本位币

D. 我国企业会计准则规定，业务收支以人民币以外的货币为主的企业，可以按规定选择其中的一种货币作为记账本位币，但是，编报财务报表的时候应当折算为人民币

2. 企业收到投资者以外币投入的资本，应当采用（　　）折算。

A. 资产负债表日的汇率　　B. 交易日即期汇率

C. 合同约定汇率　　D. 收到外币款项当月月初的汇率

3. 企业对境外经营的财务报表进行折算时，应采用资产负债表日的即期汇率进行折算的项目是（　　）。

A. 交易性金融资产　　B. 营业收入

C. 实收资本　　D. 财务费用

4. A 公司的外币业务采用交易日的市场汇率核算。2×21 年 6 月 15 日将其中的 15 000 美元售给中国银行，当日中国银行美元买入价为 1 美元 = 7.68 元人民币，卖出价为 1 美元 = 7.88 元人民币，当日市场汇率为 1 美元 = 7.78 元人民币。则 A 公司售出该笔美元时应确认的汇兑损失为（　　）元。

A. 1 550　　B. 1 500　　C. 1 350　　D. 0

5. 某中外合资经营企业注册资本为500万美元，合同约定分两次投入，合同约定折算汇率为1∶8.15。中、外投资者分别于2×21年1月1日和5月1日投入350万美元和150万美元。2×21年1月1日、5月1日、5月31日和12月31日美元对人民币的汇率分别为1∶8.10、1∶8.20、1∶8.14和1∶8.05。假定该企业采用人民币作为记账本位币，外币业务采用业务发生日的即期汇率折算。该企业2×21年末资产负债表中“实收资本”项目的金额为人民币（　　）万元。

A. 4 072.5　　B. 4 125　　C. 4 065　　D. 4 100

6. 某企业采用人民币作为记账本位币。下列项目中，不属于该企业外币业务的是（　　）。

A. 与中国银行之间发生的欧元与人民币的兑换业务

B. 与外国子公司发生的以人民币计价结算的购货业务

C. 与国内企业发生的以欧元计价的销售业务

D. 与国内子公司发生的以美元计价结算的购货业务

7. 某企业存货的可变现净值以外币确定，在确定存货的期末价值时，需要将存货可变现净值折算为记账本位币，对于折算后的金额小于成本的差额应计入（　　）。

A. 公允价值变动损益　　B. 财务费用

C. 营业外收入　　D. 资产减值损失

8. A公司对外币业务采用业务发生日的市场汇率进行折算，按月计算汇兑损益。2×21年3月20日从境外购买零配件一批，价款总额为500万美元，货款尚未支付，当日的市场汇率为1美元＝8.21元人民币。3月31日的市场汇率为1美元＝8.22元人民币。4月30日的市场汇率为1美元＝8.23元人民币。该外币债务4月份所发生的汇兑损益为（　　）万元人民币。

A. －10　　B. －5　　C. 5　　D. 10

9. A公司的记账本位币为人民币。2×22年9月6日以每股5欧元的价格购入B公司股票20 000股，作为交易性金融资产核算，当日汇率为1欧元＝11元人民币，款项已支付。2×22年12月31日，原购入B公司股票的市价变为每股5.8欧元，当日汇率为1欧元＝10元人民币。假定不考虑相关税费的影响。A公司2×22年12月31日应确认的公允价值变动损益为（　　）元。

A. 收益60 000元　　B. 损失60 000元

C. 收益16 000元　　D. 损失16 000元

10. 我国会计准则规定，企业对境外经营的财务报表进行折算时，产生的外币财务报表折算差额应当（　　）。

A. 作为递延收益列示

B. 在相关资产类项目下列示

C. 在资产负债表上无须反映

D. 在所有者权益中“其他综合收益”项目反映

11. 企业在编制合并会计报表时，下列子公司外币会计报表项目中，可以采用按照系统合理的方法确定的、与交易发生日即期汇率近似的汇率折算为母公司记账本位币的是（　　）。

A. 资本公积　B. 盈余公积　C. 未分配利润　D. 营业收入

12. 企业因经营所处的主要经济环境发生重大变化，确需变更记账本位币的，应当采用（　），将所有项目折算为变更后的记账本位币。

A. 当期期末汇率　B. 变更当日的即期汇率的近似汇率

C. 当期平均汇率　D. 变更当日的即期汇率

13. 直接标价法的特点是（　）。

A. 本国货币数固定不变

B. 本国货币数随汇率高低而变化

C. 本国货币币值大小与汇率的高低无关

D. 本国货币币值大小与汇率的高低正相关

14. 间接标价法的特点是（　）。

A. 外币数随汇率高低而变化

B. 本国货币数随汇率高低而变化

C. 本国货币金额大小与汇率的高低正相关

D. 本国货币金额大小与汇率的高低负相关

15. 在企业发生外币业务时，需要将有关外币金额折合为记账本位币金额记账，企业的记账汇率通常采用中国人民银行公布的（　）。

A. 买入价　B. 卖出价

C. 中间汇率　D. 加权平均汇率

16. 某企业2×21年12月5日赊销一批商品，当日市场汇率为1美元=7.3元人民币，合同规定的信用期为2个月。2×21年12月31日，由于汇率变动，当日汇率为1美元=7.2元人民币。按照单项交易观点，12月31日应做的会计处理是（　）。

A. 调增营业收入　B. 调减营业收入

C. 调整递延损益　D. 调整财务费用

17. 某企业2×21年12月5日赊销一批商品，当日市场汇率为1美元=7.3元人民币，合同规定的信用期为2个月。2×21年12月31日，由于汇率变动，当日汇率为1美元=7.2元人民币。按照两项交易观当期确认法，12月31日应做的会计处理是（　）。

A. 调增营业收入　B. 调减营业收入

C. 调整递延损益　D. 调整财务费用

18. 我国2006年2月15日颁布的《企业会计准则第19号——外币折算》要求企业在处理外币业务时，采用的会计处理方法是（　）。

A. 单项交易当期确认法　B. 单项交易递延法

C. 两项交易当期确认法　D. 两项交易递延法

19. 采用现行汇率法对资产负债表项目采用历史汇率折算的项目是（　）。

A. 存货　B. 固定资产　C. 股本　D. 未分配利润

20. 在时态法下，按照现行汇率折算的会计报表项目是（　）。

A. 按成本计价的存货　B. 按市价计价的存货

C. 按成本计价的长期投资　D. 固定资产

二、多项选择题

1. 在下列项目中，可以计入当期损益的有（　　）。

A. 接受外币投入资本

B. 买卖外汇时发生的折算差额

C. 现行汇率法下，外币报表折算差额

D. 期末有关外币账户的折算差额调整

E. 企业购买无形资产发生的折算差额

2. 下列外币货币性项目在本期均未发生增减变动，在期末市场汇率上升的情况下将其折算为记账本位币，产生汇兑收益的有（　　）。

A. 应收账款　B. 银行存款　C. 应付账款　D. 短期借款

E. 以上选项都是

3. 下列项目中，采用历史汇率折算的有（　　）。

A. 现行汇率法下的实收资本

B. 时态法下按市价计价的长期投资

C. 流动项目与非流动项目法下的固定资产

D. 货币项目与非货币项目法下的应收账款

E. 货币项目和非货币项目法下的存货

4. 企业的下列外币业务中，在业务发生时即可能产生汇兑差额的有（　　）。

A. 外币借贷业务　B. 企业将外币出售给银行

C. 企业从银行买入外币　D. 以外币结算的购销业务

E. 收到外币投入资本

5. 关于外币财务报表折算的一般原则，下列说法不正确的有（　　）。

A. 企业境外经营的财务报表必须进行折算

B. 在对企业境外经营财务报表进行折算前，应当调整境外经营的会计期间和会计政策，使之与企业的会计期间和会计政策相一致

C. 资产负债表中的“未分配利润”项目应该采用交易发生日的即期汇率折算

D. 所有者权益变动表中当期计提的盈余公积可以采用当期平均汇率折算

E. 以上选项都不正确

6. 关于恶性通货膨胀经济中外币财务报表的折算，以下说法正确的是（　　）。

A. 在对资产负债表项目进行重述时，应收账款等货币性项目不需要对其进行重述

B. 非货币性项目，如存货等，都需要进行重述

C. 固定资产、无形资产等非货币性项目应自购置日起以一般物价指数变动予以重述

D. 在对利润表项目进行重述时，所有项目金额都要以一般物价指数变动进行重述

E. 无须考虑物价变动的影响

7. 对外币交易采用两项交易观时，交易发生日与报表编制日汇率变动的差额（　　）。

A. 不予考虑

B. 作递延损益处理

C. 作为汇率变动损益处理

D. 调整与交易相关收入及成本账户余额

E. 作为公允价值变动损益处理

8. 外币报表折算的目的主要是（　　）。

A. 为提供特种财务报表，便于报表使用者理解

B. 为编制集团公司汇总报表的需要

C. 为控股公司编制合并报表的需要

D. 是体现记账本位币核算原则的需要

E. 为跨国企业享受同等国民待遇的需要

9. 按我国现行会计准则规定，在进行外币会计报表折算时，可按资产负债表日的即期汇率折算的报表项目有（　　）。

A. 应收账款　　B. 实收资本　　C. 未分配利润　　D. 短期借款

E. 所得税费用

10. 外币交易汇兑损益包括（　　）。

A. 外币兑换产生的汇兑损益　　B. 外币报表折算产生的损益

C. 外币交易发生日产生的汇兑损益　　D. 外币交易结算日产生的汇兑损益

E. 外币交易在报表编制日产生的汇兑损益

11. 下述哪些业务发生的汇兑损益可以直接计入财务费用（　　）。

A. 外币兑换业务　　B. 外币交易业务

C. 外币报表折算业务　　D. 外币投资业务

E. 购建固定资产业务

三、判断题

1. 企业不得随意变更其已经确定的记账本位币，但是企业管理当局可以根据实际情况确定两种货币作为记账本位币。（　　）

2. 资产负债表日，以公允价值计量的外币交易性金融资产项目，采用公允价值确定日的即期汇率折算，折算后的记账本位币金额与原记账本位币金额的差额，作为公允价值变动（含汇率变动）处理，计入当期损益。（　　）

3. 企业收到投资者投入的资本，应按照合同约定的汇率进行折算。（　　）

4. 采用直接标价法，不考虑其他因素，当期末汇率上升时，外币货币性资产项目会产生汇兑收益；当期汇率下降时，外币货币性负债项目会产生汇兑收益。（　　）

5. 在对企业境外经营的财务报表进行折算时，应当调整境外经营的会计期间和会计政策，使之与企业会计期间和会计政策相一致，根据调整后的会计政策及会计期间编制相应货币的财务报表，然后再进行折算。（　　）

6. 企业折算境外经营的资产负债表时，所有者权益项目中的投入资本项目采用发生时的即期汇率折算。（　　）

7. 企业在处置境外经营时，应当将资产负债表中所有者权益项目下列示的、与该境外经营相关的外币财务报表折算差额，自所有者权益项目转入处置当期损益。（　　）

8. 我国除金融企业之外，其他企业外币业务都是采用外汇分账制作为外币业务的记账方法。（　　）

9. 直接标价法下，当汇率上升时，表示为同样数额的本国货币，能够兑换更多的外国货币。（　　）

10. 现行汇率法实际上是对外币报表中的资产、负债项目乘上一个常数，因而折算后资产负债表的各个项目之间仍能保持原有的外币报表中各项目之间的比例关系。这种方法一般适用于国外独立经营的经济实体及国内以某种外币作为记账本位币的企业外币会计报表的折算。（　　）

11. 外汇统账制是一种以本国货币为记账本位币的记账方法，即以人民币为记账单位来记录所发生的外汇交易业务，将发生的多种货币的经济业务，折合成人民币加以反映，外币在账上仅作辅助记录。我国企业一般都采用这种方法。（　　）

12. 采用外汇统账制时，对外币业务涉及的非本位币货币统统折算为记账本位币加以反映，非记账本位币在账上只作一个辅助记录。（　　）

四、名词解释

1. 记账本位币
2. 直接标价法
3. 间接标价法
4. 外币统账制
5. 一笔交易观
6. 两笔交易观

五、简答题

1. 什么是外币业务？外币业务有哪几种类型？

2. 企业在选定记账本位币时应考虑哪些因素？企业在选定境外经营的记账本位币时应考虑哪些因素？

3. 外汇汇率的基本标价方法有几种？其特点是什么？

4. 什么是汇兑损益？汇兑损益有哪几种类型？应如何对其进行确认与处理？

5. 外币交易的会计处理存在哪两种观点？请分别对其进行评述。

6. 外币会计报表折算的基本方法有哪些？各种基本方法的适用范围和优缺点是什么？

7. 外币报表折算差额的会计处理有几种方法？请分别对其进行评述。

六、业务题

1. 大华有限责任公司的外币交易采用交易发生时的市场汇率进行折算，并按月计算汇兑损益。2×21 年 11 月 30 日，市场汇率为 1 美元＝7.5 元人民币。有关外币账户期末余额如下表所示。

外币账户期末余额

项　目	外币账户金额（$）（万元）	汇　率	记账本位币金额（￥）（万元）
银行存款	500	7.5	3 750
应收账款	20	7.5	150
应付账款	10	7.5	75
长期借款	80	7.5	600

大华公司 12 月份发生如下外币业务（不考虑有关税费）：

（1）12 月 1 日，大华公司以每股 5 美元的价格购入甲公司的股票 100 万股，作为交易性金融资产核算，当日的汇率为 1 美元＝7.46 元人民币，款项已用美元支付。

（2）12 月 10 日，大华公司对外销售一批商品，售价为 30 万美元，当日的市场汇率为 1 美元＝7.6 元人民币，款项尚未收到。

（3）12 月 16 日，收到国外的投资 500 万美元，合同约定的汇率为 1 美元＝7.8 元人民币，款项已收到，当日的汇率为 1 美元＝7.53 元人民币。

（4）12 月 20 日，大华公司购入一批原材料，该批原材料的价款为 50 万美元，款项尚未支付，当日的市场汇率为 1 美元＝7.56 元人民币。

（5）12 月 23 日，大华公司收到前欠货款 20 万美元，款项已存入银行，当日的市场汇率为 1 美元＝7.55 元人民币。

（6）12 月 31 日，计提长期借款利息为 5 万美元，利息尚未支付。该项长期借款是在 2×21 年 1 月 1 日借入的，用于建造固定资产，到期一次还本付息，该项固定资产在 2×21 年 1 月 1 日已开始建造，2007 年年末尚未完工。

（7）12 月 31 日，当月购入的甲公司的股票公允价值为 4.6 美元，当日的市场汇率为 1 美元＝7.56 元人民币。

要求：

（1）编制上述业务的相关会计处理；

（2）计算期末汇兑损益并做出相关的账务处理。

2. 国内甲公司的记账本位币为人民币，该公司在境外有一子公司乙公司，乙公司确定的记账本位币为美元。甲公司采用当期平均汇率折算乙公司利润表项目。乙公司的有关资料如下：

2×21 年 12 月 31 日的汇率为 1 美元＝7.7 元人民币，2×21 年的平均汇率为 1 美元＝7.6 元人民币，实收资本、资本公积发生日的即期汇率为 1 美元＝8 元人民币，2×20 年

12 月 31 日的股本为 500 万美元，折算为人民币为 4 000 万元；2×20 年 12 月 31 日累计盈余公积为 50 万美元，折算为人民币为 405 万元；2×20 年 12 月 31 日累计未分配利润为 120 万美元，折算为人民币为 972 万元；甲、乙公司均在年末提取盈余公积。

要求：对乙公司的外币报表进行折算。

资产负债表

编制单位：乙公司　　　　2×21 年 12 月 31 日　　　　单位：万元

资产	期末数（美元）	折算汇率	折算为人民币金额	负债和股东权益	期末数（美元）	折算汇率	折算为人民币金额
流动资产：				流动负债：			
货币资金	90			短期借款	45		
应收账款	190			应付账款	285		
存货	240			其他流动负债	110		
其他流动资产	150			流动负债合计	440		
流动资产合计	670			非流动负债：			
非流动资产：				长期借款	140		
长期应收款	120			应付债券	80		
固定资产	550			其他非流动负债	90		
在建工程	80			非流动负债合计	310		
无形资产	50			负债合计	750		
其他非流动资产	30			股东权益：			
非流动资产合计	830			股本	500		
				盈余公积	120		
				未分配利润	130		
				外币报表折算差额			
				股东权益合计	750		
资产总计	1 500			负债和股东权益总计	1 500		

利润表

编制单位：乙公司　　　　2×21 年度　　　　单位：万元

项目	期末数（美元）	折算汇率	折算为人民币金额（人民币）
一、营业收入	2 000		
减：营业成本	1 500		
税金及附加	40		
管理费用	100		

续表

项目	期末数（美元）	折算汇率	折算为人民币金额（人民币）
财务费用	10		
加：投资收益	30		
二、营业利润	380		
加：营业外收入	40		
减：营业外支出	20		
三、利润总额	400		
减：所得税	120		
四、净利润	280		

所有者权益变动表

编制单位：乙公司　　2×21 年度　　单位：万元

	实收资本			盈余公积			未分配利润		外币报表折算差额	所有者权益合计
	美元	折算汇率	人民币	美元	折算汇率	人民币	美元	人民币		人民币
一、本年初余额	500			50			120			
二、本年增减变动金额										
（一）净利润							280			
（二）直接计入所有者权益的利得损失										
其中：外币报表折算差额										
（三）利润分配										
1. 提取盈余公积				70			-70			
2. 对股东的分配							-200			
三、本年年末余额	500			120			130			

七、案例分析题

甲股份有限公司（以下简称“甲公司”）为增值税一般纳税人，购买及销售商品适用的增值税税率为 13%。甲公司以人民币作为记账本位币，外币业务采用交易发生时的即期汇率折算，按月计算汇兑损益。

（1）2×21 年 2 月 28 日甲公司有关外币账户的余额如下：

项目	外币账户余额（万欧元）	汇率	人民币账户余额（万元人民币）
银行存款	800	8.0	6 400
应收账款	400	8.0	3 200
应付账款	200	8.0	1 600
长期借款	1 000	8.0	8 000

（2）甲公司 2×21 年 3 月份发生的有关外币交易或事项如下：

① 3 月 2 日，将 100 万欧元兑换为人民币，兑换取得的人民币已存入银行。当日即期汇率为 1 欧元＝8.0 元人民币，当日银行买入价为 1 欧元＝7.9 元人民币。

② 3 月 10 日，从国外购入一批原材料，货款总额为 400 万欧元。该原材料已验收入库，货款尚未支付。当日即期汇率为 1 欧元＝7.9 元人民币。另外，以银行存款支付该原材料的进口关税 256 万元人民币，增值税 444.08 万元人民币。

③ 3 月 14 日，出口销售一批商品，销售价款为 600 万欧元，货款尚未收到。当日即期汇率为 1 欧元＝7.9 元人民币。假设不考虑相关税费。

④ 3 月 20 日，收到应收账款 300 万欧元，款项已存入银行。当日即期汇率为 1 欧元＝7.8 元人民币。该应收账款系 2 月份出口销售商品发生的。

⑤ 3 月 22 日，偿还 3 月 10 日从国外购入原材料的货款 400 万欧元，当日即期汇率为 1 欧元＝7.8 元人民币。

⑥ 3 月 25 日，以每股 10 欧元的价格（不考虑相关税费）以银行存款购入意大利杰拉尔德公司发行的 10 000 股股票作为以公允价值计算且其变动计入当期损益的金融资产，当日即期汇率为 1 欧元＝7.8 元人民币。

3 月 31 日，计提长期借款第一季度发生的利息。该长期借款系 2×21 年 1 月 1 日从中国银行借入的外币专门借款，用于购买建造某生产线的专用设备，借入款项已于当日支付给该专用设备的外国供应商，无余额。该生产线的在建工程已于 2×20 年 10 月开工。该外币借款金额为 1 000 万欧元，期限 2 年，年利率为 4%，按季计提借款利息，到期一次还本付息。该专用设备于 2×21 年 3 月 20 日验收合格并投入安装。至 2×21 年 3 月 31 日，该生产线尚处于建造过程中。

3 月 31 日，意大利杰拉尔德公司发的股票的市价为 11 欧元/股。

⑦ 3 月 31 日，即期汇率为 1 欧元＝7.7 元人民币。

要求：

（1）编制甲公司 3 月份与外币交易或事项相关的会计分录。

（2）填列甲公司 2×21 年 3 月 31 日外币账户发生的汇兑差额（请将汇兑差额金额填入给定的表格中；汇兑收益以“+”表示，汇兑损失以“−”表示），并编制汇兑差额相关的会计分录。

外币账户	3 月 31 日汇兑差额（单位：万元人民币）
银行存款（欧元）	
应收账款（欧元）	
应付账款（欧元）	
长期借款（欧元）	

（3）计算以公允价值计算且其变动计入当期损益的金融资产 2×21 年 3 月 31 日应确认的公允价值变动损益并编制相关会计分录。

第四章

企 业 合 并

本章 要点

一、企业合并概述

（一）企业合并的概念和特征

企业合并，是指将两个或者两个以上单独的企业合并形成一个报告主体的交易或事项。企业合并最显著的特征在于强调单一的报告主体；企业合并的实质是取得控制权；企业合并的性质是一项交易或一个事项。企业合并的动机多种多样，归根到底可归结为两个方面：追求利润的动机和竞争压力的动机。

（二）企业合并的分类及其相关会计问题

企业合并的形式多种多样，按照企业合并的法律形式，可分为吸收合并、新设合并和控股合并；按照合并的行业跨度可分为横向合并、纵向合并和混合合并；按照参与合并的企业是否受同一方控制，可分为同一控制下的企业合并和非同一控制下的企业合并。

上述分类中，最重要的是按照企业合并的法律形式分类和按参与合并的企业是否受同一方控制分类，前者主要影响账务处理，后者主要影响计量属性的选择。

不同法律形式下企业合并的账务处理概要见表 4－1。

表 4－1　　不同法律形式下企业合并的账务处理概要

不形成母子公司关系的合并 （吸收合并、新设合并）	形成母子公司关系的合并 （控股合并）
借：有关资产账户 　贷：有关负债账户　}（取得的净资产） 　　银行存款 　　股本等　}（支付的合并对价） 　　银行存款等　（支付的合并费用）	借：长期股权投资　（取得的股权） 　贷：银行存款 　　股本等　}（支付的合并对价） 　　银行存款等　（支付的合并费用）

现在需要回答的问题是：

第一，合并方（或购买方）对合并日（或购买日）取得的净资产或股权应如何计量？

第二，支付的合并对价应如何计量？

第三，两者如有差异，应如何处理？

第四，支付的合并费用又应如何处理？

从企业合并会计处理方法的发展过程来看，对以上问题的回答主要有两种方法：购买法和权益结合法。购买性质的合并或非同一控制下的合并，应采用购买法进行会计核算；股权联合性质的合并或同一控制下的合并，应采用权益结合法进行会计核算。

在吸收合并和新设合并下，合并后只存在单一的法律主体和会计主体，合并后的会计处理问题仍然属于传统财务会计的范畴，没有新的会计问题出现；但控股合并下，由于母、子公司关系的存在，为了让报表的使用者了解企业集团的整体情况，还要以企业集团为报告主体，编制合并财务报表。

二、同一控制下企业合并的会计处理

（一）同一控制下企业合并的会计处理方法

对同一控制下的企业合并，采用权益结合法进行会计处理。权益结合法认为企业合并是两个或两个以上参与合并企业的经济资源的联合、现有股东权益的联合，而不是一家企业购买另一家企业的产权交易行为。在权益结合法下，应按被合并企业净资产的账面价值入账，不存在商誉的确认问题，但需要对合并后所有者权益构成进行调整。

（二）权益结合法的会计处理要点

（1）合并方在合并中确认取得的被合并方资产、负债仅限于被合并方账面上原已确认的资产和负债，合并中不产生新的资产和负债。

（2）参与合并的各公司资产、负债继续按原来的账面价值入账。

（3）合并过程中的费用一律计入合并后企业的当期费用。

（4）吸收合并方式下的合并差额，应当首先调整资本公积（资本溢价或股本溢价），资本公积（资本溢价或股本溢价）的余额不足冲减的，应冲减留存收益。

（5）股东权益的调整。对于被合并方在合并日以前实现的留存收益中归属于合并方的部分，合并方应根据不同情况进行调整，自资本公积转入留存收益。在吸收合并、新设合并情况下，这一调整在合并方的单独资产负债表中予以确认；在控股合并情况下，这一调整则在合并日的合并资产负债表中予以反映。

（6）统一会计政策。

（三）不同合并方式下的会计处理

1. 吸收合并形式下的会计处理

（1）发生与合并相关的直接费用

借：管理费用

　　贷：银行存款

（2）取得净资产

借：有关资产账户（取得的被合并方资产账面价值）

　　贷：有关负债账户（承担的被合并方负债账面价值）

　　　　股本、银行存款等（发行股份面值或对价付出资产的账面价值）

　　　　资本公积（差额）

2. 控股合并形式下的会计处理

（1）发生与合并相关的直接费用

借：管理费用

　　贷：银行存款

（2）取得控股权

借：长期股权投资（取得的被合并方净资产账面价值的份额）

　　贷：股本、银行存款等（发行股份面值或对价付出资产的账面价值）

　　　　资本公积（差额）

上述分录中如果需要借记“资本公积”科目，则以合并方“资本公积”科目的股本溢价或资本溢价贷方余额为限，不足部分冲减合并方留存收益账面余额。

三、非同一控制下企业合并的会计处理

（一）非同一控制下企业合并的会计处理方法

购买法是假定企业合并是一个企业取得被合并方净资产的一项交易，与企业购置普通资产的交易基本相同。在购买法下，应按公允价值确认被购买方的资产、负债和净资产，并将购买成本与被购买方可辨认净资产的差额确认为商誉（或计入当期损益）。

（二）购买法的会计处理要点

1. 确定购买方

在非同一控制下的企业合并中，在购买日取得对其他参与合并企业控制权的一方称为购买方，参与合并的其他企业称为被购买方。应当结合企业合并合同、协议等规定，遵循实质重于形式的原则合理确定购买方。

2. 确定购买日

购买日是指购买方实际取得对被购买方控制权的日期，即被购买方的净资产或生产经营决策的控制权转移给购买方的日期。在实务中，通常认为同时满足下列条件时，可以认为实现了控制权的转移：

（1）企业合并合同或协议已获股东大会等内部权力机构通过。

（2）企业合并事项需要经过国家有关主管部门审批的，已获得批准。

（3）参与合并各方已办理了必要的财产权转移手续。

（4）购买方已支付了合并价款的大部分（一般应超过50%），并且有能力支付剩余款项。

（5）购买方实际上已经控制了被购买方的财务和经营决策，并享有相应的利益、承担相应的风险。

如果企业合并是一次交换交易实现的，交易日就是购买日；如果企业合并是通过多次交换交易分步实现的，交易日是各单项投资在购买方财务报表中确认之日，购买日则是获得控制权之日。

3. 确定合并成本

企业合并成本包括购买方为进行企业合并支付的现金或非现资产、发生或承担的债务以及发行的权益性证券等在购买日的公允价值以及企业合并中发生的各项直接相关费用之和。

4. 合并成本的分配

购买方在购买日应当对合并成本进行分配。合并成本的分配是指将合并成本按各项可辨认资产、负债在合并日的公允价值计列，合并成本与所获得净资产公允价值的差额确认为商誉（或计入当期损益）或记作股权投资成本的一部分。

5. 企业合并成本与合并中取得的被购买方可辨认净资产公允价值份额之间的差额的处理

购买方对于企业合并成本与合并中取得的被购买方可辨认净资产公允价值份额之间的差额，应视情况分别处理。我国会计准则规定的处理方法如下。

（1）企业合并成本大于合并中取得的被购买方可辨认净资产公允价值份额的差额应确认为商誉。在不同的合并形式下，商誉的确认有所区别。吸收合并和新设合并情况下，商誉在企业合并时作为一项单独的资产入账，体现在购买方的账簿及个别财务报表中；但在控股合并情况下，购买方并不需要将支付的购买成本超过其在被购买企业可辨认净资产公允价值中股权份额的部分单独确认为商誉入账，而是在投资时将其记作长期股权投资成本的一部分，在编制合并财务报表时再将其单项列示。

（2）企业合并成本小于合并中取得的被购买方可辨认净资产公允价值的部分，应计入合并当期损益。吸收合并的情况下，上述企业合并成本小于合并中取得的被购买方可辨认净资产公允价值的差额，应计入购买方合并当期的个别利润表；控股合并的情况下，上述差额体现在合并当期的合并利润表中。

（三）不同合并方式下的会计处理

1. 吸收合并形式下的会计处理

（1）发生与合并相关的直接费用

借：管理费用

　　贷：银行存款

（2）取得净资产

借：有关资产账户（取得的被购买方资产公允价值）

　　商誉（借方差额）

　　贷：有关负债账户（承担的被购买方负债公允价值）

　　　　股本、银行存款等（发行股份面值或对价付出资产的账面价值）

　　　　资本公积（发行股份溢价）

　　　　营业外收入（贷方差额）

2. 控股合并形式下的会计处理

（1）发生与合并相关的直接费用

借：管理费用

　　贷：银行存款

（2）取得控制权

借：长期股权投资（合并成本）

　　贷：股本、银行存款等（发行股份面值或对价付出资产的公允价值）

　　　　资本公积（发行股份溢价）

（四）分步实现的非同一控制下的企业合并

应当以购买日之前所持被购买方股权投资的账面价值与购买日新增投资成本之和，作为该项投资的初始投资成本。

四、购买法和权益结合法的比较

购买法和权益结合法在具体会计处理过程、产生的经济影响、理论依据等方面存在诸多差异。两种方法各有自己的理论基础，同时也均存在某些缺陷。由于权益结合法通常情况下能够带来较好的报告效应，因此，权益结合法的应用受到严格限制。美国和国际财务报告准则均取消了权益结合法，企业合并仅允许采用购买法进行会计处理；但从我国的具体国情出发，权益结合法在我国会计准则中仍得到了运用。

经典考题

1.【综合题】（2007 年注册会计师《会计》，有改动）甲股份有限公司（本题下称“甲公司”）为上市公司，20×7 年至 20×9 年企业合并、长期股权投资有关资料如下：

（1）20×7 年 1 月 20 日，甲公司与乙公司签订购买乙公司持有的丙公司（非上市公司）60%股权的合同。合同规定：以丙公司 20×7 年 5 月 30 日评估的可辨认净资产价值为基础，协商确定对丙公司 60%股权的购买价格；合同经双方股东大会批准后生效。

购买丙公司 60%股权时，甲公司与乙公司不存在关联方关系。

（2）购买丙公司 60%股权的合同执行情况如下：

① 20×7 年 3 月 15 日，甲公司和乙公司分别召开股东大会，批准通过了该购买股权的合同。

② 以丙公司 20×7 年 5 月 30 日净资产评估值为基础，经调整后丙公司 20×7 年 6 月 30 日的资产负债表各项目的数据如下：

丙公司资产负债表

20×7 年 6 月 30 日　　　　单位：万元

项　　目	账面价值	公允价值
资产：		
货币资金	1 400	1 400
存货	2 000	2 000
应收账款	3 800	3 800
固定资产	2 400	4 800
无形资产	1 600	2 400
资产合计	11 200	14 400
负债和股东权益：		
短期借款	800	800

续表

项　目	账面价值	公允价值
应付账款	1 600	1 600
长期借款	2 000	2 000
负债合计	4 400	4 400
股本	2 000	
资本公积	3 000	
盈余公积	400	
未分配利润	1 400	
股东权益合计	6 800	10 000

上表中固定资产为一栋办公楼，预计该办公楼自20×7年6月30日起剩余使用年限为20年，净残值为零，采用年限平均法计提折旧；上表中无形资产为一项土地使用权，预计该土地使用权自20×7年6月30日起剩余使用年限为10年，净残值为零，采用直线法摊销。假定该办公楼和土地使用权均为管理使用。

③ 经协商，双方确定丙公司60%股权的价格为7 000万元，甲公司以一项固定资产和一项土地使用权作为对价。甲公司作为对价的固定资产20×7年6月30日的账面原价为2 800万元，累计折旧为600万元，计提的固定资产减值准备为200万元，公允价值为4 000万元；作为对价的土地使用权20×7年6月30日的账面原价为2 600万元，累计摊销为400万元，计提的无形资产减值准备为200万元，公允价值为3 000万元。

20×7年6月30日，甲公司以银行存款支付购买股权过程中发生的评估费用120万元、咨询费用80万元。

④ 甲公司和乙公司均于20×7年6月30日办理完毕上述相关资产的产权转让手续。

⑤ 甲公司于20×7年6月30日对丙公司董事会进行改组，并取得控制权。

要求：

（1）根据资料（1）和（2），判断甲公司购买丙公司60%股权导致的企业合并的类型，并说明理由。

（2）根据资料（1）和（2），计算甲公司该企业合并的成本、甲公司转让作为对价的固定资产和无形资产对20×7年度损益的影响金额。

（3）根据资料（1）和（2），计算甲公司对丙公司长期股权投资的入账价值并编制相关会计分录。

答案中的金额单位以万元表示。

【答案】

（1）甲公司购买丙公司60%股权属于非同一控制下的企业合并，因为在购买股权时甲公司与乙公司不存在关联方关系。

（2）甲企业的合并成本＝3 000＋4 000＋120＋80＝7 200（万元）

固定资产转让损益＝4 000－（2 800－600－200）＝2 000（万元）

无形资产转让损益＝3 000－（2 600－400－200）＝1 000（万元）

（3）甲公司对丙公司长期股权投资的入账价值为 7 000 万元。

编制的会计分录如下：

① 取得控制权

借：长期股权投资	7 000	
固定资产减值准备	200	
无形资产减值准备	200	
累计折旧	600	
累计摊销	400	
贷：固定资产		2 800
无形资产		2 600
营业外收入		3 000

② 以银行存款支付购买股权过程中发生的评估费和咨询费用

借：管理费用	200	
贷：银行存款		200

2.【**综合题**】（2011 年注册会计师《会计》，部分）甲公司为我国境内注册的上市公司，其主要客户在我国境内。20×1 年 12 月起，甲公司董事会聘请了新华会计师事务所为其常年财务顾问。20×1 年 12 月 31 日，该事务所担任甲公司常年财务顾问的注册会计师王某收到甲公司财务总监李某的邮件，其内容如下：

王某注册会计师：

我公司想请你就本邮件的附件 1 和附件 2 所述相关交易或事项，提出在 20×1 年度合并财务报表中如何进行会计处理的建议。所附交易或事项对有关税金和递延所得税以及现金流量表的影响、合并财务报表中外币报表折算差额的计算，我公司有专人负责处理，无须你提出建议。除所附资料提供的信息外，不考虑其他因素。

附件 1：对乙公司、丙公司投资情况的说明

（1）我公司出于长期战略考虑，20×1 年 1 月 1 日以 1 200 万欧元购买了在意大利注册的乙公司发行在外的 80%股份，计 500 万股，并自当日起能够控制乙公司的财务和经营政策。为此项合并，我公司另支付相关审计、法律等费用 200 万元人民币。乙公司所有客户都位于意大利，以欧元作为主要结算货币，且与当地的银行保持长期良好的合作关系，其借款主要从当地银行借入。考虑到原管理层的能力、业务熟悉程度等，我公司完成收购交易后，保留了乙公司原管理层的所有成员。

20×1 年 1 月 1 日，乙公司可辨认净资产公允价值为 1 250 万欧元；欧元与人民币之间的即期汇率为：1 欧元＝8.8 元人民币。20×1 年度，乙公司以购买日可辨认净资产公允价值为基础计算发生的净亏损为 300 万欧元。乙公司的利润表在折算为母公司记账本位币时，按照平均汇率折算。其他相关汇率信息如下：20×1 年 12 月 31 日，1 欧元＝9 元人民币；20×1 年度平均汇率，1 欧元＝8.85 元人民币。我公司有确凿的证据认为对乙公司的投资没有减值迹象，并自购买日起对乙公司的投资按历史成本在个别资产负债表中列报。

（2）为保障我公司的原材料供应，20×1 年 7 月 1 日，我公司发行 1 000 万股普通股

换取丙公司原股东持有的丙公司20%有表决权股份。我公司取得丙公司20%有表决权股份后，派出一名代表作为丙公司董事会成员，参与丙公司的财务和经营决策。丙公司注册地为我国境内某省，以人民币作为记账本位币。股份发行日，我公司每股股份的市场价格为2.5元，发行过程中支付券商手续费50万元；丙公司可辨认净资产的公允价值为13 000万元，账面价值为12 000万元，其差额为丙公司一项无形资产增值。该无形资产预计尚可使用5年，预计净残值为零，按直线法摊销。

20×1年度，丙公司按其净资产账面价值计算实现的净利润为1 200万元，其中，1至6月份实现净利润500万元；无其他所有者权益变动事项。我公司在本交易中发行1 000万股股份后，发行在外的股份总数为15 000万股，每股面值为1元。

我公司在购买乙公司、丙公司的股份之前，与他们不存在关联方关系。

附件2（略）

要求：请从王某注册会计师的角度回复李某邮件，回复要点包括但不限于如下内容：

（1）计算甲公司购买乙公司、丙公司股权的成本，并说明由此发生的相关费用的会计处理原则。

（2）计算甲公司购买乙公司所产生的商誉金额，并简述商誉减值测试的相关规定。

（3）简述甲公司发行权益性证券对其所有者权益的影响，并编制相关会计分录。

（4）简述甲公司对丙公司投资的后续计量方法及理由，计算对初始投资成本的调整金额，以及期末应确认的投资收益金额。

【答案】

（1）购买乙公司股权成本＝1 200×8.8＝10 560（万元）

购买丙公司股权的成本＝1 000×2.5＝2 500（万元）

购买乙公司股权支付的相关审计费、法律等费用200万元，在发生的当时直接计入当期损益。

购买丙公司股权支付的券商手续费50万元，在发生时冲减股票的溢价发行收入。

（2）购买乙公司股权产生的商誉＝10 560－1 250×80%×8.8＝1 760（万元）

企业合并形成的商誉，至少应当在每年年度终了进行减值测试。

（3）发行权益性证券对所有者权益的影响＝2.5×1 000－50＝2 450（万元）。

相关会计分录：

借：长期股权投资	2 500
贷：股本	1 000
资本公积——股本溢价	1 500
借：资本公积——股本溢价	50
贷：银行存款	50

（4）甲公司对丙公司投资后续计量采用权益法核算，因为甲公司取得丙公司20%有表决权股份后，派出一名代表作为丙公司董事会成员，参与丙公司的生产经营决策，那么就会对丙公司产生重大影响，所以要采用权益法进行后续计量。

对初始成本进行调整：13 000×20%－2 500＝100（万元）

对损益调整的确认，即期末应确认的投资收益＝（1 200－500－1 000/5×6/12）×

20% = 120（万元）

3.【**综合题**】（2013 年注册会计师《会计》，部分）甲、乙公司均为增值税一般纳税人，适用的增值税税率均为 13%，本题不考虑除增值税外其他相关税费；售价均不含增值税；本题中有关公司均按净利润的 10%提取法定盈余公积，不提取任意盈余公积。

20×1 年 8 月 30 日，甲公司公告购买丁公司持有的乙公司 60%股权。购买合同约定，以 20×1 年 7 月 31 日经评估确定的乙公司净资产价值 52 000 万元为基础，甲公司以每股 6 元的价格定向发行 6 000 万股本公司股票作为对价，收购乙公司 60%股权。

12 月 26 日，该交易取得证券监管部门核准；12 月 30 日，双方完成资产交接手续；12 月 31 日，甲公司向乙公司董事会派出 7 名成员，能够控制乙公司的财务和经营决策；该项交易后续不存在实质性障碍。

12 月 31 日，乙公司可辨认净资产以 7 月 31 日评估值为基础进行调整后的公允价值为 54 000 万元（有关可辨认资产、负债的公允价值与账面价值相同）。当日，乙公司股本为 10 000 万元，资本公积为 20 000 万元，盈余公积为 9 400 万元，未分配利润为 14 600 万元；甲公司股票收盘价为每股 6.3 元。

20×2 年 1 月 5 日，甲公司办理完毕相关股份登记，当日甲公司股票收盘价为每股 6.7 元，乙公司可辨认净资产公允价值为 54 000 万元；1 月 7 日，完成该交易相关验资程序，当日甲公司股票收盘价为每股 6.8 元，其间乙公司可辨认净资产公允价值未发生变化。

该项交易中，甲公司为取得有关股权以银行存款支付评估费 100 万元、法律费 300 万元，为发行股票支付券商佣金 2 000 万元。

甲、乙公司在该项交易前不存在关联关系。

要求：确定甲公司合并乙公司的购买日，并说明理由；计算该项合并中应确认的商誉，并编制相关会计分录。

【**答案**】

（1）甲公司合并乙公司的购买日是 20×1 年 12 月 31 日。

理由：甲公司能够控制乙公司的财务和经营决策，该项交易后续不存在实质性障碍。

（2）商誉 = 6 000 × 6.3 − 54 000 × 60% = 5 400（万元）。

（3）相关会计分录

借：长期股权投资	37 800	
贷：股本		6 000
资本公积——股本溢价		31 800
借：管理费用	400	
资本公积——股本溢价	2 000	
贷：银行存款		2 400

本章习题

一、单项选择题

1. 2×21 年 6 月 10 日，甲公司通过支付 3 600 万元取得了乙公司 60%的股权，成为乙公司的母公司。2×21 年 6 月 10 日，乙公司可辨认净资产账面价值为 3 000 万元，公允价值为 4 000 万元。同时，甲公司支付了与该项投资相关的股权变更登记等直接相关费用 10 万元。假定甲、乙公司合并前不存在任何关联关系，则甲公司对乙公司长期股权投资的初始投资成本为（　　）。

A. 3 610 万元　　B. 2 400 万元　　C. 1 810 万元　　D. 1 800 万元

2. 2×21 年 6 月 10 日，甲公司通过支付 3 600 万元取得了乙公司 60%的股权，成为乙公司的母公司。2×21 年 6 月 10 日，乙公司可辨认净资产账面价值为 3 000 万元，公允价值为 4 000 万元。为进行该投资，甲公司支付了 10 万元直接相关费用。假定甲、乙公司合并前同属于一家集团公司，则甲公司对乙公司长期股权投资的初始投资成本为（　　）。

A. 3 610 万元　　B. 2 400 万元　　C. 1 810 万元　　D. 1 800 万元

3. 同一控制下的企业控股合并，合并方长期股权投资入账价值的确定基础是投资时被合并方净资产的（　　）。

A. 公允价值　　B. 账面价值

C. 发行股票的市价　　D. 发行股票的面值

4. 非同一控制下的企业合并中，合并成本大于被合并方净资产公允价值的部分应确认为（　　）。

A. 商誉　　B. 营业外收入

C. 未分配利润　　D. 合并价差

5. 甲公司与乙公司属于同一企业集团，2×21 年 8 月 1 日，甲公司通过支付 5 000 万元取得了乙公司 70%的股权，成为乙公司的母公司。2×21 年 8 月 1 日，乙公司可辨认净资产公允价值为 7 000 万元，原账面净资产为 6 000 万元。为进行该投资，甲公司支付了 30 万元直接相关费用。则甲公司对乙公司长期股权投资的初始投资成本为（　　）。

A. 5 030 万元　　B. 5 000 万元　　C. 4 930 万元　　D. 4 200 万元

6. 按会计准则的规定，对于非同一控制下的控股合并，对纳入合并范围的子公司的净资产，在编制合并报表时，应将其账面价值调整为（　　）。

A. 净值　　B. 可变现净值　　C. 公允价值　　D. 市价

7. 下列各项中，不属于企业合并购买法的特点的是（　　）。

A. 购买方在合并日资产负债表中以公允价值确定被购买企业可辨认资产和负债

B. 购买方将合并成本超过取得的被购买方可辨认净资产的公允价值的差额作商誉处理

C. 被购买方合并前的收益与留存收益不纳入合并日的合并资产负债表中

D. 被购买方合并前的收益与留存收益纳入合并日的合并资产负债表中

8. 非同一控制下的企业合并中，购买企业在确定所承担的非流动负债的公允价值时，应按以下哪种计量属性确定？（ ）。

A. 可变现净值

B. 账面价值

C. 重置成本

D. 按照适当的折现率计算的未来现金流量的现值

9. 非同一控制下的企业合并中，通过一次交换交易实现的企业合并，合并成本为购买方在购买日为取得对被购买方的控制权而付出的资产、发生或承担的负债以及发行权益性证券的（ ）。

A. 可变现净值　　B. 账面价值　　C. 重置成本　　D. 公允价值

10. 甲、乙公司为同属某集团公司控制的两家子公司。2×21 年 2 月 26 日，甲公司以账面价值为 3 000 万元、公允价值为 3 600 万元的非货币性资产为对价，自集团公司处取得对乙公司 60%的股权，相关手续已办理；当日乙公司账面净资产总额为 5 200 万元、公允价值为 6 300 万元。2×21 年 3 月 29 日，乙公司宣告发放 2×17 年度现金股利 500 万元。假定不考虑其他因素影响。2×21 年 3 月 31 日，甲公司对乙公司长期股权投资的账面价值为（ ）。

A. 2 820 万元　　B. 3 120 万元　　C. 3 300 万元　　D. 3 480 万元

11. 甲公司于 2×21 年 6 月 30 日取得乙公司 100%股权，同时注销乙公司法人资格，对其进行吸收合并。该项合并中，按照合并协议规定，甲公司需向乙公司原母公司支付账面价值为 3 200 万元、公允价值为 4 600 万元的非货币性资产，合并中发生法律咨询等相关费用 100 万元。购买日，乙公司可辨认净资产公允价值总额为 4 900 万元。参与合并各方在合并前不存在关联方关系。假定不考虑所得税及其他因素。该项合并对甲公司 2×21 年利润总额的影响为（ ）。

A. 1 400 万元　　B. 1 500 万元　　C. 1 600 万元　　D. 1 700 万元

12. M、N 公司分别为 P 公司控制下的两家子公司。M 公司于 2×21 年 4 月 10 日自母公司 P 公司处取得 N 公司 80%的股权，合并后 N 公司仍维持独立法人资格继续经营。为进行此项企业合并，M 公司发行了 700 万股本公司普通股（每股面值为 1 元）作为对价。N 公司合并当日的所有者权益账面价值为 3 000 万元，则 M 公司的长期股权投资的入账成本为（ ）。

A. 2 400 万元　　B. 3 000 万元　　C. 700 万元　　D. 280 万元

13. 续 12 题，M 公司的“资本公积——股本溢价”应贷记（ ）。

A. 700 万元　　B. 2 300 万元　　C. 2 100 万元　　D. 1 700 万元

14. T 公司以一项原价 1 000 万元、累计折旧 400 万元的房屋和一项原价为 600 万元、累计摊销为 150 万元的专利权作为对价取得同一集团内另一家全资企业 H 公司 100%的股权，合并日 H 公司所有者权益总量为 1 300 万元，T 公司在确认对 H 公司的长期股权投资时，对资本公积的处理是（ ）。

A. 贷记 250 万元　　B. 借记 250 万元
C. 不做调整　　D. 贷记 300 万元

15. 承上述第 14 题，T 公司的长期股权投资的入账价值为（　　）。
A. 1 300 万元　　B. 1 500 万元　　C. 1 350 万元　　D. 1 050 万元

二、多项选择题

1. 企业合并按照法律形式划分，可以分为（　　）。
A. 吸收合并　　B. 控股合并
C. 同一控制下的合并　　D. 新设合并
E. 非同一控制下的合并

2. 在非同一控制下的企业合并中，以下构成合并成本的是（　　）。
A. 作为合并对价的现金或非现金资产的公允价值
B. 发行的权益性证券的发行费用
C. 发行的权益性证券的公允价值
D. 因企业合并发生或承担债务的公允价值
E. 当企业合并合同或协议中提供了视未来或有事项的发生而对合并成本进行调整时，符合《企业会计准则第 13 号——或有事项》规定的确认条件的，应确认的支出也应作为企业合并成本的一部分

3. 合并完成后，企业成为一个单一的会计主体，合并后会计报表的编制与一般企业相同的是（　　）。
A. 吸收合并　　B. 控股合并　　C. 新设合并　　D. 横向合并
E. 混合合并

4. 确定非同一控制下企业合并的购买日，以下必须同时满足的条件是（　　）。
A. 合并合同或协议已获股东大会等内部权力机构通过
B. 需经过国家有关主管部门审批的，已获得相关部门的批准
C. 已办理了必要的财产权交接手续
D. 购买方已支付了购买价款的大部分，并且有能力支付剩余款项
E. 购买方实际上已经控制了被购买方的财务和经营政策，并享有相应的收益和风险

5. 依据企业会计准则的规定，下列有关商誉的表述中，正确的有（　　）。
A. 非同一控制下的控股合并中，购买方不确认商誉，但合并财务报表中可能产生商誉
B. 同一控制下的企业合并中，合并对价的账面价值大于取得被合并方账面净资产的份额部分，合并方应当确认为商誉
C. 非同一控制下的吸收合并中，企业合并成本大于合并中取得可辨认净资产公允价值份额的部分，购买方应当确认为商誉
D. 企业合并所形成的商誉，至少应当于每年年度终了进行减值测试；商誉应当结合与其相关的资产组或者资产组组合进行减值测试
E. 同一控制下的控股合并中，合并方不确认商誉，但合并财务报表中可能产生商誉

6. A 公司以发行公允价值为 5 600 万元的本公司普通股为对价，自甲公司取得 B 公司 70%有表决权股份，发行股份过程中支付佣金和手续费 400 万元。A 公司为合理确定合并价格，聘请中介机构对 B 公司进行评估，支付评估费用 100 万元。A 公司与甲公司签订的股权转让合同规定，如果 B 公司在未来两年平均净利润超过 1 500 万元，A 公司需在已支付对价基础上向甲公司另外支付 800 万元。A 公司估计 B 公司未来两年的平均净利润很可能超过 1 500 万元。购买日 B 公司可辨认净资产公允价值总额为 7 200 万元。该项合并中，合并各方在合并前不存在关联方关系。下列有关该项企业合并的表述中，正确的有（　　）。

A. A 公司应确认长期股权投资 6 400 万元

B. A 公司应确认长期股权投资 6 100 万元

C. A 公司应确认长期股权投资 5 700 万元

D. 购买日合并资产负债表中确认商誉 1 060 万元

E. 购买日合并资产负债表中确认商誉 1 360 万元

7. 以下关于同一控制下的企业合并的表述中，正确的有（　　）。

A. 合并方在合并中确认取得的被合并方的资产、负债仅限于被合并方账面上原已确认的资产和负债，合并中不产生新的资产和负债

B. 合并方在合并中取得的被合并方各项资产、负债应维持其在被合并方的原账面价值不变

C. 合并方在合并中取得的净资产的入账价值相对于为进行企业合并支付的对价账面价值之间的差额，作为资产处置损益

D. 被合并方在企业合并前实现的留存收益中归属于合并方的部分，应自合并方的资本公积转入留存收益

E. 受同一母公司控制的两个企业之间进行的合并，通常属于同一控制下的企业合并

8. 在非同一控制下的企业合并中，关于购买方的认定，以下说法正确的有（　　）。

A. 如果企业合并是通过支付现金、转让非现金资产或承担债务方式取得另一方有表决权的股份来实现的，那么，支付现金、转让非现金资产或承担债务的一方是购买方

B. 参与合并一方的公允价值大大地超过其他参与合并企业的公允价值，在这种情况下，具有较大公允价值的一方很可能是购买方

C. 考虑参与合并各方的股东在合并后主体的相对投票权，其中股东在合并后主体具有相对较高投票比例的一方一般为购买方

D. 如果企业合并是通过权益互换的方式来实现的，那么，发行权益性证券的一方通常为购买方

E. 如果企业合并是通过权益互换的方式来实现的，那么，接受权益性证券的一方通常为购买方

9. 关于非同一控制下的企业合并中购买方确定合并中取得的被购买方各项可辨认资产、负债及或有负债的公允价值的表述，以下说法正确的有（　　）。

A. 有活跃市场的股票、债券、基金等金融工具，按照购买日活跃市场中的市场价格确定

B. 短期应收款项，一般应按应收取的金额作为公允价值；长期应收款项，应以按适当的现行利率折现后的现值确定其公允价值

C. 房屋建筑物、机器设备，存在活跃市场的，应以购买日的市场价格为基础确定其公允价值；本身不存在活跃市场，但同类或类似资产存在活跃市场的，应参照同类或类似资产的市场价格确定其公允价值；同类或类似资产也不存在活跃市场、无法取得有关市场信息的，应按照一定的估值技术确定其公允价值

D. 流动负债，一般按应支付的金额作为其公允价值；非流动负债，应当以按适当的折现率折现后的现值作为其公允价值

E. 在确定应收款项的公允价值时，应考虑发生坏账的可能性及相关收款费用

10. 下列业务属于企业合并的是（　　）。

A. 甲企业通过增发自身的普通股自乙企业原股东处取得乙企业的全部股权，该交易事项发生后，乙企业仍持续经营

B. M 企业支付对价取得 N 企业的净资产，该交易事项发生后，撤销 N 企业的法人资格

C. M 企业以自身持有的资产作为出资投入 N 企业，取得对 N 企业的控制权，该交易事项发生后，N 企业仍维持其独立法人资格继续经营

D. M 公司购买 N 公司 20%的股权

E. M 公司自 N 公司原有股东 P 公司处购买 N 公司 50%的股权，该交易事项发生后，N 企业仍维持其独立法人资格继续经营，M 公司与 P 公司共同控制 N 公司

三、判断题

1. 只有在控股合并的情况下，才需要编制合并财务报表；而在吸收合并和新设合并的情况下，则不需要编制合并财务报表。（　　）

2. 非同一控制下的企业合并中，母公司对子公司的长期股权投资成本高于其拥有的该子公司净资产公允价值份额的差额，应在合并资产负债表中确认为商誉。（　　）

3. 非同一控制下的企业合并中，合并成本是购买方为取得对被购买方的控制权支付的所有代价的公允价值及合并中发生的各项直接相关费用之和。（　　）

4. M 公司 2×21 年 11 月 25 日取得非关联方 N 公司 26%的股份，对 N 公司的影响程度达到了重大影响，又于 2×21 年 12 月 16 日取得了 N 公司 40%的股份，并基于其拥有的股份达到了对 N 公司的控制权，则企业合并购买日为 2×21 年 12 月 16 日。（　　）

5. 2×21 年 2 月 1 日 P 公司向 D 公司的股东定向增发 1 000 万股普通股（每股面值为 1 元），对 D 公司进行合并，并于当日取得对 D 公司 70%的股权，该普通股每股市场价格为 4 元，D 公司合并日可辨认净资产的公允价值为 4 500 万元，假定此合并为非同

一控制下的企业合并，则 P 公司在合并日的合并报表中应确认的合并商誉为 500 万元。(　　)

6. 通过多次交换交易分步实现的企业合并，合并成本为每一单项交易成本之和。(　　)

7. 分步实现的企业合并，达到企业合并时购买方在购买日应确认的商誉（或应计入损益的金额）应为每一单项交易产生的商誉（或应计入损益的金额）之和。(　　)

8. 2×21 年 8 月 1 日，黄山公司支付 1 650 万元购买了丁公司的全部股权。丁公司与黄山公司同属一个企业集团，从事与黄山公司相同的业务。集团公司为了降低管理成本，提高专业管理水平，决定由黄山公司收购其全部股权，收购后作为黄山公司的一个业务分部。本次收购以合并日经注册会计师审定的丁公司净资产为基础，上浮 10%作为收购对价。经审计后的丁公司账面净资产为 1 500 万元，黄山公司支付了 1 650 万元，并于当日完成了与合并有关的手续。此外，黄山公司支付了 8 万元与本次收购相关的注册会计师审计费用。黄山公司应当将支付的对价 1 650 万元与丁公司账面净资产 1 500 万元之间的差额，以及审计费用合计 158 万元计入当期损益。(　　)

9. 非同一控制下的企业合并中，被购买方在企业合并后仍持续经营的，如购买方取得被购买方 100%股权，被购买方可以按合并中确定的有关资产、负债的公允价值调账，其他情况下被购买方不应因企业合并改记资产、负债的账面价值。(　　)

10. 非同一控制下的吸收合并中，购买方在购买日应当按照合并中取得的被购买方各项可辨认资产、负债的公允价值确定其入账价值，确定的合并成本与取得被购买方可辨认净资产公允价值的差额，应借记或贷记商誉。(　　)

四、名词解释

1. 企业合并
2. 同一控制下的企业合并、非同一控制下的企业合并
3. 购买方
4. 购买日
5. 商誉

五、简答题

1. 什么是企业合并？企业合并有何特征？

2. 从法律角度看，企业合并有哪几种方式？我国企业会计准则中是如何对企业合并进行分类的？

3. 简述购买法会计处理的要点。

4. 世界各国对商誉和负商誉的确认和计量有哪几种做法？试对这些做法进行评述。

5. 简述权益结合法会计处理的要点。

6. 购买法和权益结合法在具体会计处理上有哪些差异？

7. 简述购买法和权益结合法的报告效应及其产生原因。

8. 支持和反对购买法和权益结合法的理由分别有哪些？你是如何看待权益结合法

的存废问题的？

9. 在非同一控制下的企业合并中，如何确定购买日？

六、业务题

1. 2×21 年 1 月 1 日，A 公司以吸收合并方式合并 B 公司，合并前 A 公司和 B 公司不存在任何关联方关系。购买日 B 公司资产负债表各项目账面价值与公允价值如下表。假定购买日 A 公司发行 500 000 股新股换取 B 公司的全部净资产并承担全部负债，所发行新股的面值为每股 1 元，市场价值为每股 1.2 元。

B 公司资产负债表各项目账面价值与公允价值

2×21 年 1 月 1 日　　　　单位：元

项　目	账面价值	公允价值
流动资产	90 000	90 000
固定资产	180 000	270 000
无形资产	54 000	90 000
资产总额	324 000	450 000
负债	36 000	
股本	162 000	36 000
留存收益	126 000	
负债与所有者权益总额	324 000	450 000

要求：根据上述资料，确定商誉的价值并编制 A 公司合并 B 公司的会计分录。

2. A 公司和 B 公司均属于 M 公司的子公司，2×21 年 12 月 31 日，A 公司采用股权联合方式吸收合并 B 公司，A 公司发行普通股 100 000 股，每股面值 1 元。A 公司与 B 公司资产负债表资料如下表所示。

A 公司与 B 公司资产负债表（简表）

2×21 年 12 月 31 日　　　　单位：元

项　目	A 公司	B 公司（账面金额）	B 公司（公允价值）
货币资金	310 000	250 000	250 000
交易性金融资产	130 000	120 000	130 000
应收账款	240 000	180 000	170 000
存货	370 000	260 000	280 000
债权投资	270 000	160 000	170 000
固定资产	540 000	300 000	320 000
无形资产	60 000	40 000	30 000
资产总计	1 920 000	1 310 000	1 350 000

续表

项　　目	A 公司	B 公司（账面金额）	B 公司（公允价值）
流动负债	380 000	310 000	300 000
非流动负债	620 000	400 000	390 000
负债合计	1 000 000	710 000	690 000
股本	600 000	400 000	—
资本公积（股本溢价）	130 000	40 000	—
盈余公积	90 000	110 000	—
未分配利润	100 000	50 000	—
所有者权益合计	920 000	600 000	670 000

要求：根据上述资料，编制 A 公司在合并日的会计分录。

3. 甲公司于 2×21 年 1 月 1 日以货币资金 1 000 万元取得了乙公司 10%的股权，甲公司将取得乙公司 10%股权作为以公允价值计量且其变动计入其他综合收益的金融资产核算。2×21 年 12 月 31 日，该金融资产的公允价值为 1 200 万元。

乙公司于 2×21 年度实现净利润 1 000 万元，支付现金股利 100 万元，因持有的以公允价值计量且其变动计入其他综合收益的金融资产公允价值变动增加其他综合收益 2 000 万元。

2×22 年 1 月 1 日，甲公司以货币资金 6 300 万元进一步取得乙公司 50%的股权，因此取得了控制权，同日乙公司所有者权益总额为 12 100 万元，其中股本为 5 000 万元，资本公积为 2 300 万元，盈余公积为 480 万元，未分配利润为 4 320 万元。乙公司在该日的可辨认净资产的公允价值是 12 200 万元。2×22 年 1 月 1 日，原持有乙公司 10%股权的公允价值为 1 260 万元。2×22 年 1 月 1 日，乙公司除一项管理用固定资产的公允价值与其账面价值不同外，其他资产和负债的公允价值与账面价值相等。该固定资产的公允价值为 300 万元，账面价值为 200 万元，尚可使用年限 10 年，采用年限平均法计提折旧，无残值。

甲公司和乙公司属于非同一控制下的公司。

假定不考虑所得税和内部交易的影响。

要求：

（1）编制 2×21 年 1 月 1 日至 2×21 年 12 月 31 日甲公司对乙公司投资的会计分录。

（2）编制甲公司 2×22 年 1 月 1 日取得乙公司 50%投资及原 10%投资转为长期股权投资的会计分录，计算长期股权投资的账面价值。

（3）计算甲公司对乙公司投资形成的商誉的价值。

（金额单位以万元表示）

七、案例分析题

1. 东方股份有限公司（以下简称“东方公司”）是一家隶属于大地国有控股集团公司（以下简称“大地集团”）的工业企业。根据未来市场竞争情况，东方公司将在 2007 年进行战略调整，全面提升企业竞争优势和综合实力。为此，东方公司 2007 年发生如下事项并进行了会计处理：

（1）经大地集团公司批准，2007 年 1 月，东方公司以发行债券的方式筹集大量资金购并了大地集团下属的建材原料生产企业甲公司。甲公司生产的建材原料是东方公司产品生产的主要原材料，其供给的稳定情况直接决定东方公司生产经营的连续性。并购甲公司以实施对其控制，有助于优化东方公司的上游产业链。东方公司的会计师对在合并中取得的资产和负债，按照合并日在甲公司的公允价值进行计量；对合并成本大于合并中取得的被购买方可辨认净资产公允价值份额的差额，确认为商誉。并且为并购甲公司而发行的企业债券发生的 20 万元的相关手续费计入了当期损益。

（2）东方公司为取得稳定、持续的发展，决定投资基础产业。2007 年 8 月，东方公司斥资 6 000 万元购买了外省某市的一家自来水公司 100%股份，使其成为东方公司的全资子公司。东方公司的会计师对合并中取得的资产和负债，按照合并日在自来水公司的账面价值计量；合并方取得的净资产账面价值与支付的合并对价账面价值的差额，调整了资本公积；不足冲减的部分，调整留存收益。

要求：请判断东方公司的上述会计处理是否正确？并说明理由。

2. 甲公司是一家在境内、外上市的综合性国际能源公司。该公司在致力于内涵式发展的同时，也高度重视企业并购以实现跨越式发展。以下是该公司近年来的一些并购资料：

（1）2011 年 9 月 30 日，甲公司与其母公司乙集团签订协议。以 100 000 万元购入乙集团下属全资子公司 A 公司 50%的有表决权股份。收购完成后，A 公司董事会进行重组，7 名董事中 4 名由甲公司委派；A 公司所有生产经营和财务管理重大决策须由半数以上董事表决通过。9 月 30 日，A 公司的净资产账面价值为 160 000 万元，可辨认净资产公允价值为 180 000 万元。10 月 1 日，甲公司向乙集团支付了 100 000 万元。10 月 31 日，甲公司办理完毕股权转让手续并拥有实质控制权，A 公司当日的净资产账面价值为 170 000 万元，可辨认净资产公允价值为 190 000 万元。此外，甲公司为本次收购发生审计、法律服务、咨询等费用 1 000 万元。

（2）2011 年 6 月 30 日，甲公司决定进军银行业，其战略目的是依托油气主业，进行产融结合，实现更好发展。2011 年 11 月 1 日，甲公司签订协议以 160 000 万元的对价购入与其无关联关系的 B 银行 90%的有表决权股份；2011 年 11 月 30 日，甲公司支付价款并取得实质控制权，B 银行当日净资产账面价值为 180 000 万元，可辨认净资产公允价值为 190 000 万元。并购完成后，甲公司对 B 银行进行了一系列整合：① 要求 B 银行将服务重点转向与石油业务链相关的业务，支持油气主业发展；② 要求 B 银行对其业务进行调整、优化，使经营效率更高、运行效果更好；③ 要求 B 银行努力吸收甲公司长期形成的良好企业文化，以此来促进银行管理。以上整合收到了很好的效果。

（3）2012 年上半年，欧债危机继续蔓延扩大，世界经济复苏乏力，我国经济也面临较大的下行压力。受此影响，我国成品油销量增速放缓。C 公司是一家与甲公司无关联关系的成品油销售公司，拥有较好的营销网络，但受市场形势影响上半年经营业绩不佳。经多次协商，甲公司于 2012 年 6 月 30 日以 12 000 万元取得了 C 公司 70%的有表决权股份，能够实施控制，C 公司当日可辨认净资产公允价值为 15 000 万元。8 月 31 日，甲公司又以 4 000 万元取得了 C 公司 20%的有表决权股份，C 公司自 6 月 30 日始持续计算的可辨认净资产公允价值为 18 000 万元。

假定不考虑其他因素。

要求：

（1）根据上述资料（1），指出甲公司购入 A 公司股份是否属于企业合并，并简要说明理由；如果属于企业合并，指出属于同一控制下的企业合并还是非同一控制下的企业合并，并简要说明理由，同时指出合并日（或购买日）。

（2）根据上述资料（1），计算甲公司在合并日（或购买日）应确定的长期股权投资金额，简要说明支付的价款与长期股权投资金额之间差额的会计处理方法；简要说明甲公司支付的审计、法律服务、咨询等费用的会计处理方法。

（3）根据上述资料（2），指出该项合并属于同一控制下的企业合并还是非同一控制下的企业合并，并简要说明理由；计算甲公司合并成本与确认的可辨认净资产公允价值份额之间的差额，并简要说明该差额的会计处理方法。

（4）根据上述资料（3），指出甲公司 8 月 31 日购入 C 公司 20%股份是否构成企业合并，并简要说明理由；计算甲公司购入 C 公司 20%股份后，甲公司个别报表上的长期股权投资金额，以及在甲公司合并报表上应该列示的商誉金额。

（5）根据上述资料（3），计算甲公司 8 月 31 日购入 C 公司 20%股份支付的价款与其应享有 C 公司自购买日始持续计算的可辨认净资产公允价值份额之间的差额，并简要说明该差额的会计处理方法。

（答案中金额单位用万元表示）

第五章

合并财务报表——购并日的合并财务报表

本章要点

一、合并财务报表概述

（一）合并财务报表的概念及其种类

合并财务报表，是指反映母公司和其全部子公司形成的企业集团整体财务状况、经营成果和现金流量的财务报表。其中，母公司，是指控制一个或一个以上主体（含企业、被投资单位中可分割的部分，以及企业所控制的结构化主体等，下同）的主体。子公司，是指被母公司控制的主体。

合并财务报表主要包括合并资产负债表、合并利润表、合并所有者权益变动表（或合并股东权益变动表）和合并现金流量表，它们分别从不同的方面反映企业集团财务状况、经营成果及其现金流量情况，构成一个完整的合并财务报表体系。

（二）合并财务报表的编制原则

合并财务报表必须符合财务报表编制的一般原则和基本要求，还应当遵循以个别财务报表为基础、一体性和重要性原则。

（三）合并财务报表的合并理论

编制合并财务报表首先面临的问题，就是要界定企业集团的范围，确定哪些应当被投资单位纳入合并财务报表的合并范围，需要确定编制合并财务报表时所采用的合并方法等。合并范围的确定以及合并方法的选择，依赖于合并理论。国际上流行的编制合并财务报表的合并理论，主要有母公司理论、实体理论和所有权理论三种。

1. 母公司理论

母公司理论是一种站在母公司股东的角度，来看待母公司与其子公司之间的控股关系的合并理论。该理论强调母公司股东的利益，不将子公司当作独立的法人看待，而是将其视为母公司的附属机构。依据该理论编制的合并报表的特点如下。

（1）少数股东权益（或少数股权，下同）。在合并资产负债表中，对于少数股东权益通常视为负债处理，为了与集团外负债相区别，单独进行列示。

（2）少数股东损益。少数股东在各子公司净收益中应享有的份额，称为“少数股东损益”，在合并利润表中视为费用处理，单列一项，从合并净收益中扣除。

（3）资产双重计价。在购买法下，当子公司可辨认净资产的账面价值与公允价值不一致时，母公司拥有子公司净资产的份额按公允价值合并，少数股东拥有子公司净资产的份额按原账面价值合并；在合并报表中，商誉仅列示属于母公司的部分。

（4）对集团内部交易中未实现损益的抵销。顺销（即母公司向子公司出售货物）时，对于企业集团内部销售收入全部予以抵销；逆销（即子公司向母公司出售货物）时仅抵销多数股权的份额，将属于少数股权的份额视同对外销售已实现的收入。

2. 实体理论

实体理论是一种站在由母公司及其子公司组成的统一实体的角度，来看待母公司与其子公司之间的控股关系的合并理论。它强调单一管理机构对一个经济实体的控制。依据该理论编制的合并报表的特点如下。

（1）少数股东权益。在合并资产负债表中，少数股东权益是合并股东权益的一个组成部分，为了区分它与母公司股东权益的不同，以“少数股东权益”这一综合项目在合并股东权益中单独列示。

（2）少数股东损益。少数股东在各子公司净收益中享有的份额，是集团净收益的一个组成部分，合并净收益应属于企业集团全体股东的收益，要在多数股权和少数股权之间加以分配，所以，少数股东应享有损益在合并利润表和所有者权益变动表中，以“少数股东损益”单列一项，性质上视同利润分配，是企业集团对其股东的分配。

（3）资产单一计价。在购买法下，对子公司同一资产项目，无论按母公司拥有比例计算的部分，还是按子公司少数股东拥有比例计算的部分，都按购买日公允价值计价。在合并报表中，商誉按子公司全部公允价值计算列示。

（4）对集团内部交易中未实现损益的抵销。所有内部交易产生的未实现损益都应100%在编制合并报表时予以抵销。

3. 所有权理论

不论是母公司理论还是实体理论，其中心思想是全部合并，即在调整、抵销内部会计事项的基础上，将母、子公司会计报表的各个项目逐行加总合并。而所有权理论是一种着眼于母公司在子公司所持有的所有权的合并理论。在所有权理论下，投资企业按拥有所有权的被投资单位资产、负债和当期实现净收益所占的比例计入合并财务报表。

我国 2006 年所颁布的《企业会计准则第 33 号——合并财务报表》则体现了母公司理论和实体理论的综合运用。

二、合并财务报表合并范围的确定

合并财务报表的合并范围应当以控制为基础予以确定。控制，是指投资方拥有对被投资方的权力，通过参与被投资方的相关活动而享有可变回报，并且有能力运用对被投资方的权力影响其回报金额。控制的定义包含三项基本要素：一是投资方拥有对被投资方的权力；二是因参与被投资方的相关活动而享有可变回报；三是有能力运用对被投资方的权力影响其回报金额。在判断投资方是否能够控制被投资方时，当且仅当投资方具备上述三要素时，才能表明投资方能够控制被投资方。

投资方享有现时权利使其目前有能力主导被投资方的相关活动，而不论其是否实际行使该权利，视为投资方拥有对被投资方的权力。两个或两个以上投资方分别享有能够单方面主导被投资方不同相关活动的现时权利的，能够主导对被投资方回报产生最重大影响的活动的一方拥有对被投资方的权力。投资方在判断是否拥有对被投资方的权力时，应当仅考虑与被投资方相关的实质性权利，包括自身所享有的实质性权利以及其他方所享有的实质性权利。仅享有保护性权利的投资方不拥有对被投资方的权力。

投资方持有被投资方半数以上的表决权的，或者投资方持有被投资方半数或以下的表决权，但通过与其他表决权持有人之间的协议能够控制半数以上表决权的，表明投资方对被投资方拥有权力。投资方持有被投资方半数或以下的表决权，但综合考虑下列事实和情况后，判断投资方持有的表决权足以使其目前有能力主导被投资方相关活动的，视为投资方对被投资方拥有权力：

（1）投资方持有的表决权相对于其他投资方持有的表决权份额的大小，以及其他投资方持有表决权的分散程度。

（2）投资方和其他投资方持有的被投资方的潜在表决权，如可转换公司债券、可执行认股权证等。

（3）其他合同安排产生的权利。

（4）被投资方以往的表决权行使情况等其他相关事实和情况。

当表决权不能对被投资方的回报产生重大影响时，如仅与被投资方的日常行政管理活动有关，并且被投资方的相关活动由合同安排所决定，投资方需要评估这些合同安排，以评价其享有的权利是否足够使其拥有对被投资方的权力。

某些情况下，投资方可能难以判断其享有的权利是否足以使其拥有对被投资方的权力。在这种情况下，投资方应当考虑其具有实际能力以单方面主导被投资方相关活动的证据，从而判断其是否拥有对被投资方的权力。投资方应考虑的因素包括但不限于下列事项：

（1）投资方能否任命或批准被投资方的关键管理人员。

（2）投资方能否出于其自身利益决定或否决被投资方的重大交易。

（3）投资方能否掌控被投资方董事会等类似权力机构成员的任命程序，或者从其他表决权持有人手中获得代理权。

（4）投资方与被投资方的关键管理人员或董事会等类似权力机构中的多数成员是否存在关联方关系。

投资方自被投资方取得的回报可能会随着被投资方业绩而变动的，视为享有可变回报。投资方应当基于合同安排的实质而非回报的法律形式对回报的可变性进行评价。

投资方在判断是否控制被投资方时，应当确定其自身是以主要责任人还是代理人的身份行使决策权，在其他方拥有决策权的情况下，还需要确定其他方是否以其代理人的身份代为行使决策权。

母公司应当将其全部子公司（包括母公司所控制的单独主体）纳入合并财务报表的合并范围。

三、合并财务报表编制的前期准备事项与编制程序

（一）合并财务报表编制的前期准备事项

编制合并财务报表时必须做好一系列的准备事项。这些准备事项主要有如下几项。

（1）统一母公司与子公司的会计政策。

（2）统一母公司与子公司的资产负债表日及会计期间。

（3）对子公司以外币表示的财务报表进行折算。

（4）收集编制合并财务报表的相关资料。为编制合并财务报表，母公司应当要求子公司及时提供下列有关资料：① 子公司相应期间的财务报表；② 与母公司及与其他子公司之间发生的内部购销交易、债权债务、投资及产生的现金流量和未实现内部销售损益的期初、期末余额及变动情况等资料；③ 子公司所有者权益变动和利润分配的有关资料；④ 编制合并财务报表所需要的其他资料。

（二）合并财务报表的编制程序

合并财务报表是将母公司与子公司所组成的企业集团作为一个会计主体，用以反映这一会计主体的财务状况、经营成果和现金流动情况的财务报表。忽略法律地位差异，吸收合并、新创合并和控股合并下其结果应该相同，都是合并前两个不同的企业通过合并后二者合二为一。通过吸收合并与控股合并的对比，我们可以掌握合并抵销分录的由来。

简言之，合并报表的编制程序可以用四个字说明："抵销、合并"。抵销是指编制抵销分录，合并是指将抵销重复计算因素之后的报表相同项目的金额予以加总。

当母公司对子公司非全资控股时，存在如何处理少数股权的问题。合并理论不同，少数股权处理不同。

四、非同一控制下购并日合并财务报表的编制

按照我国现行会计准则的规定，对于非同一控制下的控股合并，应采用购买法编制合并财务报表；对于同一控制下的企业合并则采用权益结合法编制合并财务报表。

非同一控制下的企业合并形成母子公司关系的，购买方（母公司）一般应于购买日编制合并资产负债表（仅编制合并资产负债表），来反映购买方于购买日开始能够控制经济资源的情况。母公司编制购买日的合并资产负债表时，因企业合并取得的子公司各项可辨认资产、负债及或有负债应当以公允价值在合并财务报表中列示。母公司合并成本大于取得的子公司可辨认净资产公允价值份额的差额，作为合并商誉在合并资产负债表中列示；母公司合并成本小于取得的子公司可辨认净资产公允价值份额的差额，计入营业外收入，调整当期损益。

五、下推会计

美国注册会计师协会（AICPA）将下推会计定义为："一个会计主体在其单独的财务报表中，根据购买该主体有投票表决权股份的交易，重新确立合并和报表的基础。这一交易导致该主体发行在外有投票表决权股份的所有权发生重大变更。"也就是将原来由收

购公司在合并时所获得的净资产的公允价值，调整下推到被收购子公司的财务报表中。

采用下推会计后，原来由母公司在购买日进行的公允价值分配和确定的合并商誉金额，将直接在购买日计入子公司账户，使得合并后子公司账上所记录的资产和负债，已不是合并前的账面价值，而是合并后的公允价值；相应地，有关资产、负债的增减值也只影响子公司所记录的折旧和摊销费用等，合并报表的工作底稿上就不再出现有关资产、负债的增减值及其摊销，也不会出现合并商誉的处理，进而大大简化了合并财务报表的编制程序。

六、同一控制下购并日合并财务报表的编制

根据我国会计准则的规定，同一控制下的企业合并应采用股权联合法核算。在控股合并的情况下，合并方应以合并日应享有被合并方所有者权益账面价值的份额作为长期股权投资的初始投资成本，初始投资成本与支付的合并对价账面价值（或发行股份面值总额）的差额，调整资本公积，资本公积不足冲减的，调整留存收益。

本章习题

一、单项选择题

1. 甲公司以定向增发股票的方式购买同一集团内另一企业持有的A公司80%股权。为取得该股权，甲公司增发2 000万股普通股，每股面值为1元，每股公允价值为5元；支付承销商佣金50万元。取得该股权时，A公司净资产账面价值为9 000万元，公允价值为12 000万元。假定甲公司和A公司采用的会计政策相同，甲公司取得该股权时应确认的资本公积为（　　）万元。

A. 5 150　　B. 5 200　　C. 7 550　　D. 7 600

2. 根据我国会计准则的规定，少数股东权益在合并资产负债表中，应当（　　）。

A. 在所有者权益类项目中单独列示

B. 在流动负债项目中单独列示

C. 在长期负债项目中单独列示

D. 在长期负债项目和所有者权益类项目之间单独列示

3. 甲公司拥有乙公司80%的股权，并拥有丙公司30%的股权，而乙公司拥有丙公司40%的股权，则甲公司直接和间接合计拥有丙公司有表决权股份的合计为（　　）。

A. 62%　　B. 30%　　C. 40%　　D. 70%

4. 采用购买法编制合并财务报表时，在合并资产负债表上（　　）。

A. 子公司的净资产按控制权取得日的公允价值反映

B. 子公司的净资产按控制权取得日的账面价值反映

C. 母公司本身的净资产按公允价值反映

D. 子公司和母公司的净资产均按账面价值反映

5. 在购买法下，编制购并日合并报表时，母公司投资成本大于子公司可辨认净资产的公允价值时，应（　　）。

A. 确认为商誉

B. 确认为费用计入当期损益

C. 确认为递延费用，以后期间予以摊销

D. 冲减固定资产的价值

6. 在编制合并会计报表时，强调母公司股东利益，将子公司视为母公司附属机构的理论是（　　）。

A. 母公司理论　B. 实体理论　C. 所有权理论　D. 其他有关理论

7. 编制合并会计报表时，最常用的特殊方法是（　　）。

A. 确定合并范围　B. 将抵销分录登记账簿

C. 调整账项，结账、对账　D. 编制合并工作底稿

8. 2×22 年 2 月 1 日 A 公司向 B 公司的股东定向增发 1 000 万股普通股（每股面值为 1 元），对 B 公司进行合并，所发行股票每股市价为 4 元，并于当日取得 B 公司 70%的股权，购买日 B 公司可辨认净资产的公允价值为 4 500 万元。假定此合并为非同一控制下的企业合并，则 A 公司应确认的合并商誉为（　　）。

A. 1 000 万元　B. 850 万元　C. 750 万元　D. 960 万元

9. 在合并资产负债表中，将“少数股东权益”视为负债处理的合并方法的理论基础是（　　）。

A. 实体理论　B. 母公司理论　C. 所有权理论　D. 其他有关理论

10. 合并会计报表所反映的会计主体为（　　）。

A. 母公司　B. 母公司和子公司组成的企业集团

C. 总公司　D. 总公司和分公司组成的企业集团

11. H 公司持有甲公司 80%的权益性资本，持有乙公司 40%的权益性资本，持有丙公司 60%的权益性资本；甲公司持有乙公司 30%的权益性资本；丙公司持有乙公司 20%的权益性资本。那么，H 公司直接和间接合计控制乙公司权益性资本的比例为（　　）。

A. 54%　B. 64%　C. 78%　D. 90%

12. 同一控制下的控股合并，合并方在合并中形成的长期股权投资的初始投资成本与其付出合并对价账面价值的差额的处理，正确的是（　　）。

A. 调整资本公积，资本公积不足冲减的，调整盈余公积和未分配利润

B. 调整盈余公积和未分配利润，不足时，调整资本公积

C. 计入当期损益

D. 计入合并成本

13. 非同一控制下的企业合并，购买方应以支付的现金或非现金资产、发行或承担的债务及发行的权益性证券的公允价值作为合并成本。对作为合并对价付出的资产的公允价值与账面价值的差额，正确的处理是（　　）。

A. 应作为合并损益计入合并当期损益

B. 应作为资产处置损益计入合并当期损益

C. 计入资本公积

D. 计入盈余公积

14. 2×22 年 8 月 1 日 P 公司向 D 公司的股东定向增发 1 000 万股普通股（每股面值为 1 元），对 D 公司进行合并，并于当日取得对 D 公司 70%的股权，该普通股每股市场价格为 3 元，D 公司合并日可辨认净资产的公允价值为 4 500 万元，假定此合并为非同一控制下的企业合并，则 P 公司应计入合并当期损益的金额为（　　）万元。

A. 1 000　　B. 750　　C. 850　　D. 150

二、多项选择题

1. 合并财务报表的编制除遵循财务报表编制的一般原则和要求外，还应当遵循的原则和要求包括（　　）。

A. 以个别财务报表为基础编制

B. 以母公司和子公司账簿记录为基础编制

C. 一体性原则

D. 及时性原则

E. 重要性原则

2. 下列关于控制的说法，正确的有（　　）。

A. 控制，是指投资方拥有对被投资方的权力，通过参与被投资方的相关活动而享有可变回报，并且有能力运用对被投资方的权力影响其回报金额

B. 投资方在判断是否能够控制被投资方时，应当考虑所有的事实和情况，当且仅当投资方同时具备控制定义中包含的三个要素时，才能表明投资方能够控制被投资方

C. 如果事实和情况表明控制三要素中的一个或多个发生变化，则投资方要重新判断其是否控制被投资方

D. 投资方在判断其是否控制被投资方时，应考虑所有的事实和情况，当投资方具备控制定义中包含的三个要素之一时，投资方即控制被投资方

E. 以上均正确

3. 投资方通过参与被投资方的相关活动而享有可变回报，其中相关活动主要包括（　　）。

A. 商品或劳务的销售和购买　　B. 金融资产的管理

C. 资产的购买和处置　　D. 研究与开发

E. 融资活动

4. 在合并报表具体编制及列报方面，母公司理论的特点主要包括（　　）。

A. 少数股东权益项目单独列示于合并资产负债表的负债和合并股东权益两大类之间

B. 少数股东应享损益单独列示，视同费用，从合并净收益中扣除

C. 资产双重计价

D. 对企业集团内部交易形成的未实现损益，应按母公司拥有的权益比例进行抵销，从而需要分清交易流向

E. 以上均正确

5. 在合并财务报表具体编制及列报方面，实体理论的特点主要包括（　　）。

A. 少数股东权益项目单独列示于合并资产负债表的合并股东权益之下

B. 少数股东应享损益单独列示，视同利润分配

C. 资产单一计价

D. 对企业集团内部交易形成的未实现损益，不用分辨交易流向，而要100%抵销

E. 以上结论均不正确

6. 下列被投资企业中，应当纳入甲公司合并财务报表合并范围的有（　　）。

A. 甲公司在报告年度购入其57%股份的境外被投资企业

B. 甲公司持有其40%股份，且受托代管B公司持有其30%股份的被投资企业

C. 甲公司持有其43%股份，甲公司的子公司A公司持有其8%股份的被投资企业

D. 甲公司持有其40%股份，甲公司的母公司持有其11%股份的被投资企业

E. 甲公司持有其20%股份，甲公司的子公司C公司持有其32%股份的被投资企业

7. 投资方难以判断对被投资方是否拥有权力时，应综合考虑投资方享有的权利、被投资方以往表决权行使情况及下列（　　）事实或情况进行判断。

A. 投资方是否能够任命或批准被投资方的关键管理人员，这些关键管理人员能够主导被投资方的相关活动

B. 投资方是否能够出于自身利益决定或者否决被投资方的重大交易

C. 投资方是否能够控制被投资方董事会等类似权力机构成员的任命程序，或者从其他表决权持有人手中获得代理投票权

D. 投资方与被投资方的关键管理人员或董事会等类似权力机构中的多数成员是否存在关联关系

E. 投资方与被投资方之间是否存在特殊关系

8. 按照我国《企业会计准则》的规定，以下关于非同一控制下企业合并的理解中，正确的有（　　）。

A. 需确认新的商誉　　B. 需确认被合并方原有商誉

C. 不确认新的商誉　　D. 不确认被合并方原有商誉

E. 既需确认被合并方原有商誉，又需确认新形成的商誉

9. 在合并工作底稿中计算其合并数时，用该项目的加总数额加上抵销分录贷方发生额减去抵销分录借方发生额的项目有（　　）。

A. 应收账款　　B. 应付账款

C. 商誉　　D. 未分配利润

E. 营业外支出

10. 编制合并报表时，需要做的前期准备工作有（　　）。

A. 统一母、子公司的会计政策

B. 统一母、子公司的资产负债表日及会计期间

C. 统一母子公司的会计科目

D. 对子公司以外币表示的财务报表进行折算

E. 收集编制合并报表的相关资料

三、判断题

1. 投资方在判断是否拥有对被投资方的权力时，应当仅考虑与被投资方相关的实质性权利，包括自身所享有的实质性权利以及其他方所享有的实质性权利。（　）

2. 在控股合并下，忽略母子公司的法律地位，认定母、子公司是一个整体，必然导致合并报表的结果同吸收合并或新创合并后扩大的会计报表的结果相同。（　）

3. 我国会计准则规定，在购并日编制合并报表的过程中，不确认商誉，而是反映为合并价差。（　）

4. 与实体理论相比，我国合并财务报表准则所体现的经济实体理论仅在合并商誉的计价及少数股权的计算方面有所不同。（　）

5. 只有在控股合并的情况下，才需要编制合并财务报表；而在吸收合并和创立合并的情况下，则不需要编制合并财务报表。（　）

6. 在编制合并财务报表时，如果母、子公司的会计政策不一致，母公司应当按其本身的会计政策对子公司的会计报表进行调整；或者要求子公司按照母公司的会计政策另行编报财务报表。（　）

7. 合并价差不能完全等同于合并商誉，这是因为，合并商誉是指母公司对子公司的长期股权投资成本高于其拥有的该子公司净资产公允价值份额的差额，而不包括子公司净资产公允价值与其账面价值的差额，但合并价差则包括以上两部分。（　）

8. 在判断决策者是否为代理人时，允许决策者主导被投资方相关活动的决策权范围越广，越能表明决策者不拥有权力。（　）

9. 在合并会计报表的合并理论中，母公司理论是将母公司和子公司构成的企业集团视为一个经济联合体，作为合并会计报表的反映对象。（　）

10. 控股合并取得控制权必须取得被合并企业50%以上有表决权的股份。（　）

四、名词解释

1. 合并财务报表
2. 母公司理论
3. 实体理论
4. 少数股东权益
5. 合并资产负债表
6. 合并利润表
7. 合并现金流量表
8. 控制

五、简答题

1. 为什么需要编制合并财务报表？合并财务报表与个别财务报表在编制方法上有什么不同？

2. 合并理论对合并财务报表的编制会产生哪些影响？

3. 简述合并财务报表的合并范围、合并前的准备事项及合并财务报表的编制程序。

4. 简述在购买法下编制合并日合并财务报表时，如何处理母公司投资成本与子公司净资产账面价值之间的差额。

5. 当子公司为非全资子公司时，简述母公司理论、实体理论及我国会计准则下如何确认计算少数股东权益。

6. 简述我国同一控制下的企业合并财务报表编制的特点。

7. 简述比较购并日合并财务报表编制的购买法和股权联合法。

六、业务题

1. 2×22 年 1 月 1 日，S 企业账面净资产为 500 000 元，其中，股本 200 000 元，盈余公积 200 000 元，未分配利润 100 000 元。（已知 S 企业资产、负债账面价值与公允价值相等，且公允价值确定真实可靠；在购买前，P 企业与 S 企业不存在任何关联关系。）P 企业于当天购得 S 企业 80%股份，假定 P 企业：

（1）购买成本为 400 000 元；

（2）购买成本为 500 000 元；

（3）购买成本为 250 000 元。

要求：分别做出以上三种情况下，P 企业购买日编制合并报表时的抵销分录。

2. 2×22 年 3 月 31 日，甲公司以 105 000 元现金购买乙公司的全部股票，乙公司可辨认各项资产与负债的账面价值与公允价值相等，甲、乙两公司在合并前不存在任何关联关系。在进行这项投资之后，甲公司与乙公司的试算情况详见下表。

甲公司与乙公司试算表

2×22 年 3 月 31 日　　　　单位：元

项目	甲公司		乙公司	
	借方	贷方	借方	贷方
库存现金	10 000		2 500	
交易性金融资产	9 000		27 500	
应收账款	100 000		65 000	
存货	80 000		65 000	
长期股权投资				
——对乙公司投资	105 000			
固定资产	390 000		50 000	5 000
应付账款		84 000		5 000
其他应付款		30 000		80 000
应付债券				
长期借款		60 000		25 000
股本		100 000		20 000
资本公积		300 000		73 500
盈余公积		117 500		1 500
未分配利润		2 500		210 000
合计	694 000	694 000	210 000	

要求：（1）编制甲公司取得乙公司控制权时的会计分录；

（2）编制购并日的抵销分录，并试编甲公司合并报表的工作底稿。

3. 仍沿用第 2 题资料，假设 2×22 年 3 月 31 日甲公司以现金 150 000 元购买乙公司的全部股票。购买日，乙公司除下列资产与负债项目的账面价值与公允价值不同外（见下表），其他均与上题相同。

乙公司账面价值与公允价值不同的资产与负债项目　　单位：元

	账面价值	公允价值
存货	65 000	60 000
固定资产	50 000	80 000
应付债券	80 000	70 000

要求：（1）编制甲公司取得乙公司控制权时的会计分录；

（2）编制购并日的抵销分录，并试编甲公司合并报表的工作底稿。

4. 2×22 年 10 月 31 日，甲公司采用控股方式购买乙公司 80%股权，支付价款 1 420 000 元。甲、乙两公司在合并前不存在任何关联关系。甲、乙两公司在购买日记录该项投资业务后编制的资产负债表的有关资料见下表。另外，在企业合并过程中发生的与合并相关的审计费、咨询费等共计 80 000 元。假定乙公司在合并日各项资产、负债的账面价值与公允价值相等。

甲公司和乙公司合并后资产负债表（简表）

2×22 年 10 月 31 日　　单位：元

项　目	甲公司	乙公司
货币资金	76 500	50 000
应收账款	1 040 000	240 000
存货	1 440 000	360 000
长期股权投资	3 243 500	300 000
固定资产	6 000 000	1 500 000
无形资产	400 000	100 000
资产合计	12 200 000	2 550 000
短期借款	640 000	160 000
应付账款	908 000	227 000
长期借款	1 560 000	300 000
长期应付款	1 000 000	340 000
股本	4 400 000	600 000
资本公积	2 000 000	610 000
盈余公积	692 000	173 000
未分配利润	1 000 000	140 000
负债及所有者权益合计	12 200 000	2 550 000

要求：（1）确认甲公司的合并成本；

（2）对甲公司的合并业务进行会计处理。

5. 沿用第 4 题资料，假设乙公司除下列资产的公允价值与账面价值不同（见下表），其余均同第 4 题资料。

乙公司账面价值与公允价值不同的资产　　单位：元

	账面价值	公允价值
存货	360 000	340 000
固定资产	1 500 000	1 600 000

要求：分别按照母公司理论、实体理论及我国合并报表准则的要求，编制合并日合并财务报表时的调整、抵销分录及合并工作底稿。

第六章

合并财务报表——购并日后的合并财务报表

本章要点

购并日后母公司在编制合并财务报表时，除了应将母、子公司之间股权投资及其引起的内部事项抵销之外，它们之间所发生的各种内部交易事项也应予以抵销，以避免虚列资产、负债、所有者权益和虚计利润。本章主要学习我国企业会计准则所规定的购并日后合并财务报表的编制方法。

购并日后编制合并报表主要涉及两类抵销问题：内部投资的抵销与内部各公司间交易的抵销。

一、长期投资的会计处理方法

根据我国企业会计准则的规定，母公司控股合并子公司后，母公司对子公司长期股权投资的日常会计处理采用成本法核算，在编制合并财务报表时，再按权益法调整对子公司的长期股权投资。按权益法调整时，母公司在确认应享有子公司净损益的份额时，应当以取得投资时子公司各项可辨认净资产等的公允价值为基础，扣除内部未实现损益后（完全权益法），对子公司的净利润进行调整。对于应享有子公司当期实现净利润的份额，调整分录为：

借：长期股权投资　　×××

　　贷：投资收益　　×××

按照应承担子公司当期发生的亏损，编制上述相反的调整分录。

对于当期收到子公司分派的现金股利或利润，借记“投资收益”项目，贷记“长期股权投资”项目。在持股比例不变的情况下，对于子公司除净损益以外所有者权益的其他变动，母公司按照应享有或承担的份额，借记或贷记“长期股权投资”项目，贷记或借记“资本公积”项目。

二、长期股权投资与所有者权益的合并处理（非同一控制下）

（一）按权益法调整对子公司的长期股权投资

由于母公司对子公司的长期股权投资采用成本法核算，在母公司个别财务报表中，长期股权投资反映的是成本法核算的结果。母公司在编制合并财务报表时，首先必须编制调整分录，将母公司对子公司的长期股权投资由成本法核算调整为权益法核算的结果，使母公司对子公司的长期股权投资项目，反映母公司在子公司所有者权益中所拥有的份额。

在合并工作底稿中，将成本法调整为权益法核算时，对于属于非同一控制下企业合并形成的长期股权投资，在确认应享有子公司净损益的份额时，应当以在备查簿中记录的子公司各项可辨认资产、负债及或有负债等在购买日的公允价值为基础，对该子公司的净损益进行调整后确认；如果存在未实现内部交易损益，在采用完全权益法进行调整时还应对该未实现内部交易损益进行调整。

在合并工作底稿中编制的调整分录为：对于应享有子公司当期实现净利润（按完全权益法调整后）的份额，借记"长期股权投资"项目，贷记"投资收益"项目；按照应承担子公司当期发生的亏损（按完全权益法调整后），借记"投资收益"项目，贷记"长期股权投资"项目。对于当期子公司分派的现金股利或宣告分派的股利中母公司享有的份额，借记"投资收益"项目，贷记"长期股权投资"项目。在持股比例不变的情况下，对于子公司除净损益以外所有者权益的其他变动，母公司按照应享有或承担的份额，借记或贷记"长期股权投资"项目，贷记或借记"资本公积"项目。

（二）母公司长期股权投资项目与子公司所有者权益项目的抵销

从企业集团整体的角度出发，母公司对子公司的权益性资本投资，实际上相当于母公司将资金拨付给下属核算单位使用，并不会由此引起整个企业集团的资产、负债和所有者权益项目的增减变动。因此，在编制合并财务报表时，应将母公司对子公司长期股权投资项目与子公司所有者权益项目予以全额抵销。

（1）在子公司为全资子公司时，抵销分录为：

借：实收资本　　×××
　　资本公积　　×××
　　盈余公积　　×××
　　未分配利润　　×××
　　贷：长期股权投资　　×××

当母公司对子公司长期股权投资的金额大于应享有子公司所有者权益总额时，其差额作为商誉处理。抵销分录为：

借：实收资本　　×××
　　资本公积　　×××
　　盈余公积　　×××
　　未分配利润　　×××
　　商誉　　×××
　　贷：长期股权投资　　×××

当母公司对子公司长期股权投资的金额小于应享有子公司所有者权益总额时，其差额在合并当期应计入合并利润表中的"营业外收入"项目，在合并以后期间，调整合并报表中年初未分配利润。抵销分录为：

借：实收资本　×××
　　资本公积　×××
　　盈余公积　×××
　　未分配利润　×××
　　贷：长期股权投资　×××
　　　　营业外收入　×××

（2）在子公司为非全资子公司时，子公司所有者权益中不属于母公司的份额，即子公司所有者权益中抵销母公司所享有的份额后的余额，在合并财务报表中作为“少数股东权益”处理，在“所有者权益”项目下单独列示。抵销分录为：

借：实收资本　×××
　　资本公积　×××
　　盈余公积　×××
　　未分配利润　×××
　　贷：长期股权投资　×××
　　　　少数股东权益　×××

当母公司对子公司长期股权投资的金额与应享有子公司所有者权益总额不一致时，其差额比照全资子公司的原则处理。

这里应当强调的是，我国合并报表准则要求，少数股权与少数股东应享损益都是以子公司可辨认净资产公允价值为基础计算的。

（三）母公司与子公司、子公司相互之间持有对方长期股权投资收益的抵销

内部投资收益是指母公司对子公司或子公司对母公司、子公司相互之间的长期股权投资的收益。

在子公司为全资子公司的情况下，母公司对某一子公司在合并工作底稿中按权益法调整的投资收益，实际上就是该子公司当期实现的净利润。因此，编制合并报表时，必须将对子公司长期股权投资的收益予以抵销。抵销分录为：

借：投资收益　×××
　　未分配利润——年初　×××
　　贷：提取盈余公积　×××
　　　　对所有者（或股东）的分配　×××
　　　　未分配利润——年末　×××

在子公司为非全资子公司的情况下，应编制的抵销分录为：

借：投资收益　×××
　　少数股东损益　×××
　　未分配利润——年初　×××
　　贷：提取盈余公积　×××
　　　　对所有者（或股东）的分配　×××
　　　　未分配利润——年末　×××

少数股东损益应当在合并报表中以“少数股东损益”项目单独列示，包含在合并“净利润”项目之中。

三、长期股权投资与所有者权益的合并处理（同一控制下）

（一）长期股权投资成本法核算的结果调整为权益法核算的结果

同一控制下，长期股权投资由成本法调整为权益法的调整原理与非同一控制下是一致的，只不过同一控制下无须将子公司的净利润按公允价值调整而已。

（二）合并抵销处理

同一控制下的合并抵销处理包括母公司长期股权投资与子公司所有者权益的抵销，母公司与子公司、子公司相互之间持有对方长期股权投资收益的抵消，其抵消分录与非同一控制下的区别在于无须确认商誉以及计入当期损益的金额。

四、企业集团内部交易事项的合并处理

无论从会计理论角度，还是从遏制利润操纵的角度，均要求我们将企业集团视为一个会计主体，真实反映企业集团的财务状况和经营成果，消除公司间交易。公司间交易主要分为四类：公司间债权债务交易、公司间存货交易、公司间固定资产及无形资产转让交易等。

（一）企业集团内部债权债务的合并处理

企业集团内部各公司间债权债务交易的抵销比较简单，直接将相应的内部债权债务的期末余额予以抵销即可。当个别报表中对该项内部应收款项计提了坏账准备时，在编制合并报表时也应予以抵销。

以下是抵销分录列示。

1. 公司间一般债权债务交易的抵销

借：债务（内部债务期末余额）

　　贷：债权（内部债权期末余额）

2. 公司间债券投资与应付债券的抵销

借：应付债券（内部应付债券期末余额）

　　贷：债权投资（内部长期债券投资期末余额）

借：投资收益（债券投资企业确认的内部投资收益）

　　贷：财务费用（债券发行企业确认的内部利息费用）

3. 公司间坏账准备的抵销

借：应收账款——坏账准备（本期计提的内部坏账准备金额）

　　贷：信用减值损失

在连续编制合并报表时，抵销分录为：

借：应收账款——坏账准备（内部坏账准备的期末余额）

　　贷：未分配利润——年初（内部坏账准备的期初余额）

　　　　信用减值损失（借贷平衡差额）

（二）企业集团内部存货交易的合并处理

将企业集团视为一个会计主体，意味着，企业集团对其外部的销售，才真正实现了

销售，企业集团对外部购货，才是真正的购货。因此，合并报表中只能反映对集团外部的销售收入及从集团外部的购货成本等。存货在集团内部的购销，只不过是会计主体内部物资调拨，因此，内部存货交易所产生的所有内部销售收入及相应的存货成本均应予以消除。当个别企业对内部交易存货期末余额计提跌价准备时，合并抵销的处理应视企业集团是否计提跌价准备及计提的金额而定。

在连续编制合并报表进行抵销时需注意到，本期合并报表的编制是以本期个别报表，而不是以以前期间合并报表的编制为基础，从而，当以前年度发生的内部未实现（或未确认）利润时，应对本期合并期初未分配利润进行调整。

以下是抵销分录列示。

1. 对期初存货价值中包含的内部未实现利润的抵销

借：未分配利润——年初

　　贷：营业成本（期初存货中包含的未实现利润的数额）

2. 对本期发生内部商品购销业务的抵销

借：营业收入

　　贷：营业成本（本期内部购销收入的金额）

3. 对期末存货价值中包含的内部未实现利润的抵销

借：营业成本

　　贷：存货（期末存货中包含的未实现利润）

4. 公司间存货提取跌价准备的抵销

冲销多提的存货跌价准备：

借：存货——存货跌价准备

　　贷：资产减值损失

在连续编制合并报表时，抵销分录为：

借：存货——存货跌价准备（内部存货跌价准备的期末余额）

　　贷：未分配利润——年初（内部存货跌价准备的期初余额）

　　　　资产减值损失（借贷平衡差额）

（三）企业集团内部固定资产等交易的合并处理

企业集团内部各公司间固定资产的转让交易主要分为三种类型，不同类型的交易在编制合并报表时抵销分录虽然不尽相同，但总体抵销原理相同，即都应在编制合并报表时将企业集团作为一个会计主体。

公司间最常见的一类固定资产转让交易，是企业集团内部成员企业将其自身生产的产品销售给集团内其他成员企业作为固定资产使用。内部销售企业往往在销售时记录主营业务收入，同时结转主营业务成本；内部购入企业则记录为新增固定资产，同时反映支付的价款。从企业集团角度看，实际上是集团通过在建工程自建固定资产，不能确认利润，其固定资产也必须按建造成本计价。因此，编制合并报表时需要进行抵销处理。

公司间无形资产转让的抵销，与公司间固定资产交易的抵销类似。

以下是抵销分录列示。

1. 企业集团内部成员企业将自身生产的产品销售给其他成员企业作为固定资产使用

交易当年：

借：营业收入（销售企业确认的主营业务收入）

　　贷：营业成本（销售企业确认的主营业务成本）

　　　　固定资产（固定资产原价中包含的内部未实现利润）

借：固定资产——累计折旧（购买企业多计提的折旧费用）

　　贷：管理费用或制造费用

交易以后年度（清理前各使用期间）抵销：

借：未分配利润——年初（固定资产原价中包含的内部未实现利润）

　　贷：固定资产（固定资产原价中包含的内部未实现利润）

借：固定资产——累计折旧（购买企业累计多计提的折旧费用）

　　贷：未分配利润——年初（购买企业以前年度累计多计提的折旧费用）

　　　　管理费用或制造费用（购买企业本年度多计提的折旧费用）

2. 期满清理期间的抵销处理

借：未分配利润——年初（销售企业以前年度多确认、企业集团尚未实现的利润）

　　贷：管理费用或制造费用（购买企业本年度多计提的折旧费用）

3. 固定资产超期使用期间及固定资产超期使用后清理时的抵销处理

不需编制抵销分录。

4. 固定资产使用期限未满，提前清理的抵销处理

借：未分配利润——年初（销售企业多确认、企业集团尚未实现的利润）

　　贷：管理费用或制造费用（购买企业本年度多计提的折旧费用）

　　　　资产处置损益（借贷平衡差额）

（四）编制合并现金流量表时的抵销处理

在编制合并现金流量表时，还应当将企业集团内部以现金投资或收购股权增加的投资所产生的现金流量，企业集团内部当期取得投资收益收到的现金与分配股利、利润或偿付利息支付的现金所产生的现金流量，企业集团内部以现金结算债权与债务所产生的现金流量，企业集团内部当期销售商品所产生的现金流量，以及企业集团内部处置固定资产等收回的现金净额与购建固定资产等支付的现金所产生的现金流量等项目进行抵销处理。

经典考题

1.【**单项选择题**】（2017 年《中级会计实务》）2016 年 1 月 1 日，甲公司从本集团内另一企业处购入乙公司 80%有表决权的股份，构成了同一控制下企业合并。2016 年度，乙公司实现净利润 800 万元，分派现金股利 250 万元。2016 年 12 月 31 日，甲公司个别资产负债表中所有者权益总额为 9 000 万元，不考虑其他因素，甲公司 2016 年 12 月 31 日合并资产负债表中归属于母公司所有者权益的金额为（　　）万元。

A. 9 550　　B. 9 640　　C. 9 440　　D. 10 050

【答案】C

【解析】归属于母公司的所有者权益金额＝800×80%－250×80%+9 000＝9 440（万元）

2.【单项选择题】（2018 年《中级会计实务》）乙公司为甲公司的全资子公司，且甲公司无其他子公司，乙公司 2017 年实现净利润 500 万元，控股后盈余公积 50 万元，宣告分配现金股利 150 万元，2017 年甲公司个别利润表中投资收益为 480 万元，不考虑其他因素，2017 年甲公司合并利润表中“投资收益”项目应剩余的金额是（　　）万元。

A. 330　　B. 630　　C. 500　　D. 480

【答案】D

【解析】甲公司合并利润表中“投资收益”甲公司个别利润表中“投资收益”为 480 万元。

3.【单项选择题】（2013 年《中级会计实务》）2012 年 12 月 5 日，甲公司向其子公司乙公司销售一批商品，不含增值税的销售价格为 2 000 万元，增值税税额为 260 万元，款项已收存银行；该批商品成本为 1 600 万元，不考虑其他因素，甲公司在编制 2012 年度合并现金流量表时，“销售商品、提供劳务收到的现金”项目应抵销的金额为（　　）万元。

A. 1 600　　B. 1 940　　C. 2 000　　D. 2 260

【答案】D

【解析】应抵销的现金流量金额是内部交易发生的现金流量总额，所以＝2 000+260＝2 260（万元）。

4.【单项选择题】（2010 年《中级会计实务》）甲公司为乙公司的母公司。2009 年 12 月 3 日，甲公司向乙公司销售一批商品，增值税专用发票上注明的销售价款为 1 000 万元，增值税额为 130 万元，款项已收到；该批商品成本为 700 万元。假定不考虑其他因素，甲公司在编制 2009 年度合并现金流量表时，“销售商品、提供劳务收到的现金”项目应抵销的金额为（　　）万元。

A. 300　　B. 700　　C. 1 000　　D. 1 130

【答案】D

【解析】“销售商品、提供劳务收到的现金”项目应抵销的金额＝1 000+130＝1 130（万元）。销售价款和增值税的款项都已收到，所以抵销含税金额。

5.【单项选择题】（2016 年《中级会计实务》）以非“一揽子交易”形成的非同一控制下的控股合并，购买日之前持有的被购买方的原股权在购买日的公允价值与其账面价值的差额，企业应在合并财务报表中确认为（　　）。

A. 商誉　　B. 资本公积　　C. 投资收益　　D. 管理费用

【答案】C

【解析】以非“一揽子交易”形成的非同一控制下的控股合并，在合并财务报表中，对于购买日之前持有的被购买方的股权，应当按照该股权在购买日的公允价值重新计量，公允价值与其账面价值之间的差额计入当期投资收益。

本章习题

一、单项选择题

1. 母公司将其生产的成本为10 000元的产品以12 000元的价格出售给其子公司，子公司当期以15 000元的价格全部出售给集团外的某公司，期末编制合并报表时应编制的抵销分录为（　）。

A. 借：营业收入　　12 000
　　贷：营业成本　　12 000

B. 借：营业收入　　12 000
　　贷：营业成本　　10 000
　　　　存货　　2 000

C. 借：未分配利润——年初　　2 000
　　贷：存货　　2 000

D. 借：营业成本　　2 000
　　贷：未分配利润——年初　　2 000

2. 某企业采用备抵法核算坏账损失，坏账准备计提比例为应收账款余额的3%。上年年末该公司对其子公司的应收账款余额为4 000万元，本年年末对其子公司的应收账款余额为6 000万元。不考虑所得税等因素，则该公司本年编制内部债权债务抵销分录时应抵销“未分配利润——年初”的金额为（　）。

A. 120万元　　B. 60万元　　C. 50万元　　D. 180万元

3. 企业集团内部固定资产交易，在清理的会计期末，不需编制与该固定资产有关的抵销分录，这种情况发生在（　）时。

A. 期满清理　　B. 超期使用

C. 因意外灾害提前报废清理　　D. 因使用不当提前报废清理

4. 购并日后编制合并报表时，在子公司为母公司全资子公司的情况下，合并利润表中的合并净利润数额（　）。

A. 应等于母公司净利润　　B. 应大于母公司净利润

C. 应小于母公司净利润　　D. 以上均有可能

5. 母公司将成本为5 000元的产品以6 200元的价格出售给子公司，子公司本期对集团外销售了40%，售价为3 000元，在编制合并财务报表时，抵销分录中应冲减的存货金额是（　）元。

A. 1 200　　B. 720　　C. 600　　D. 1 000

6. 在连续编制合并报表的情况下，不考虑递延所得税问题，由于上年坏账准备的抵销而应调整年初未分配利润的金额为（　）。

A. 上年度应收账款计提的坏账准备的数额

B. 本年度应收账款计提的坏账准备的数额

C. 上年度抵销的内部应收账款计提的坏账准备的数额

D. 本年度内部应收账款计提的坏账准备的数额

7. 母公司的“营业收入”项目为100万元，子公司的为50万元，本期母公司销售一批商品给子公司，售价为20万元，毛利率为10%，子公司当期对外售出其中的70%，无期初内部购销产生的存货，则本期合并报表中的“营业收入”应是（　　）万元。

A. 150　　B. 170　　C. 100　　D. 130

8. 母公司的“营业成本”项目为600万元，子公司的为200万元，本期母公司销售一批商品给子公司，售价为20万元，毛利率为10%，子公司当期全部将其卖出，无期初内部购销产生的存货，则本期合并报表中的“营业成本”应是（　　）万元。

A. 600　　B. 800　　C. 780　　D. 560

9. 母公司期末存货为100万元，子公司期末存货为70万元，本期母公司销售一批商品给子公司，售价为20万元，毛利率为10%，子公司当期对外售出其中的70%，无期初内部购销产生的存货，则本期合并报表中的“存货”应是（　　）万元。

A. 170　　B. 100　　C. 150　　D. 169.4

10. 甲公司只有一个子公司乙公司，2011年度甲公司和乙公司个别现金流量表中“销售商品、提供劳务收到的现金”项目的金额分别为2 000万元和1 000万元，“购买商品、接受劳务支付的现金”项目的金额分别为1 800万元和800万元。2011年甲公司向乙公司销售商品收到现金100万元，不考虑其他事项，合并现金流量表中“购买商品、接受劳务支付的现金”项目的金额为（　　）万元。

A. 3 000　　B. 2 600　　C. 2 500　　D. 2 900

二、多项选择题

1. 子公司与少数股东之间发生的影响现金流量的业务包括（　　）。

A. 子公司向少数股东支付现金股利

B. 少数股东对子公司增加现金投资

C. 少数股东依法从子公司抽回权益性资本投资

D. 少数股东对子公司增加实物投资

E. 子公司向少数股东支付股票股利

2. W公司拥有甲、乙、丙、丁、戊五家公司，权益性资本比例分别是63%、32%、25%、28%和30%，此外，甲公司拥有乙公司26%的权益性资本，丙公司拥有丁公司30%的权益性资本，应纳入W公司合并财务报表合并范围的有（　　）。

A. 甲公司　　B. 乙公司　　C. 丙公司　　D. 丁公司

E. 戊公司

3. 合并财务报表主要包括（　　）。

A. 合并资产负债表　　B. 合并利润表

C. 合并现金流量表　　D. 合并所有者权益变动表

E. 合并财务报表附注

4. 将企业集团内部利息收入与内部利息支出抵销时，可能编制的抵销分录有（　　）。

A. 借记“投资收益”项目，贷记“财务费用”项目

B. 借记“营业外收入”项目，贷记“财务费用”项目

C. 借记“管理费用”项目，贷记“财务费用”项目

D. 借记“投资收益”项目，贷记“在建工程”项目

E. 借记“营业外收入”项目，贷记“管理费用”项目

5. 与个别现金流量表相比，合并现金流量表增加的报表项目有（　　）

A. 子公司支付少数股东的股利项目

B. 子公司吸收少数股东投资收到的现金项目

C. 汇率变动对现金的影响额项目

D. 销售商品、提供劳务收到的现金项目

E. 子公司依法减资支付给少数股东的现金项目

6. 如果上期内部存货交易形成的存货本期全部未实现对外销售，本期又发生了新的内部存货交易且尚未对外销售，编制的抵销分录应包括（　　）。

A. 借：未分配利润——年初
　　贷：营业成本

B. 借：未分配利润——年末
　　贷：存货

C. 借：营业收入
　　贷：营业成本

D. 借：营业成本
　　贷：存货

E. 借：营业收入
　　贷：营业成本
　　　　未分配利润——年初

7. 乙公司和丙公司均为纳入甲公司合并范围的子公司。2×21 年 6 月 20 日，乙公司将其产品销售给丙公司作为管理用固定资产使用，售价 25 万元（不含增值税），销售成本为 13 万元。丙公司购入后按 4 年的期限采用直线法计提折旧，预计净残值为零。不考虑其他因素影响，甲公司在编制 2×22 年合并财务报表时，下列说法中正确的有（　　）。

A. 调减年初未分配利润项目 12 万元

B. 调减年初未分配利润项目 10.5 万元

C. 调减固定资产项目 12 万元

D. 调增固定资产项目 4.5 万元

E. 调减固定资产项目 7.5 万元

8. 购并日后编制合并财务报表的抵销分录，其类型一般包括（　　）。

A. 将年度内各子公司的所有者权益项目与母公司长期股权投资项目予以抵销

B. 将各子公司对当年利润的分配与母公司当年内部长期股权投资收益项目予以抵销

C. 将年度内各子公司的所有者权益与少数股东权益抵销

D. 将母公司与子公司以及子公司之间的内部往来和内部交易事项予以抵销

E. 以上说法全部正确

9. 在连续编制合并财务报表的情况下，母公司在编制合并财务报表时需要考虑调整其期初未分配利润的因素有（　　）。

A. 期初存货中包含有以前期间内部交易形成的存货

B. 期初固定资产中包含有以前期间内部交易形成的固定资产

C. 期末存货中包含有以前期间内部交易形成的存货

D. 期末固定资产中包含有以前期间内部交易形成的固定资产

E. 本期发生的内部存货交易

10. 对于以前年度内部交易形成的计提折旧的固定资产，编制合并报表时需进行的抵销处理有（　　）。

A. 将固定资产原价中包含的未实现内部销售利润予以抵销

B. 将当期多计提的折旧费用予以抵销

C. 将以前期间累计多计提的折旧费用予以抵销

D. 调整期末未分配利润的数额

E. 调整本期主营业务收入和主营业务成本

三、判断题

1. 母公司控股合并子公司后，对子公司长期股权投资的核算可以采用成本法、不完全权益法和完全权益法等。（　　）

2. 对于利润表及所有者权益变动表上净收益、可供分配利润等加计项目不应直接抵销，而是应转化为对其各组成项目的抵销。（　　）

3. 母公司理论认为，当母公司持有子公司的股权比例不足100%时，需要在合并报表中反映少数股东权益及少数股东应享有损益，其反映数额均是以子公司原账面价值为基础的。（　　）

4. 我国会计准则规定将母公司购买成本与按持股比例享有子公司账面净资产之间差额作为“合并价差”处理。（　　）

5. 合并现金流量表只能根据合并资产负债表、合并利润表及合并所有者权益变动表编制。（　　）

6. 合并现金流量表的编制思路有两种：直接法与间接法，我国规定企业在编制现金流量表时对这两种方法可以任意选择。（　　）

7. 企业可以个别现金流量表为基础编制合并现金流量表，其主要任务是编制抵销分录，抵销集团内部的现金往来。（　　）

8. 合并现金流量表可以期初期末合并资产负债表、本期合并利润表等为基础编制，其方法与编制个别现金流量表的方法是相同的。（　　）

9. 对于子公司相互之间发生的内部交易，在编制合并财务报表时不需要进行抵销处理。（　）

10. 企业集团内子公司将其存货按成本价出售给母公司，后者将其作为固定资产使用，则当年编制合并财务报表时不需要进行抵销处理。（　）

11. 子公司的当期净利润即为母公司的投资收益。（　）

12. 当本期末内部应收账款的数额与上期末内部应收账款数额相等时，对坏账准备不需要进行抵销处理。（　）

13. 在合并利润表中，合并净利润反映的是扣除了内部销售利润后的利润。（　）

四、名词解释

1. 公司间交易
2. 公司间债权债务交易
3. 公司间存货交易
4. 公司间固定资产（无形资产）转让交易
5. 未实现内部损益

五、简答题

1. 母公司对子公司个别财务报表的调整事项包括哪些内容？
2. 什么是集团公司内部交易事项？一般包括哪些内容？
3. 在编制合并财务报表时为什么要抵销集团公司内部交易的损益？
4. 集团公司内部存货交易应如何进行抵销？
5. 集团公司内部固定资产交易应如何进行抵销？
6. 简述母公司对子公司拥有全部股权和部分股权情况下，购并日后合并会计报表编制方法的异同。

六、业务题

1. A公司经批准于2×21年1月1日发行面值为100万元，票面利率为10%，实际利率为6.77%，期限为5年，到期一次还本付息的债券一批。发行时的市场利率为8%，其发行价格为1 081 100元。发行的债券当中，有50%被其子公司购买并作为债券投资核算。A公司发行债券所筹资金用于补充生产经营资金的不足。

要求：编制A公司前三年在编制合并报表时的抵销分录。

2. B公司与A公司为同一母公司控制下的子公司，2×17年12月1日A公司将自产设备卖给B公司，售价为100万元，毛利率为20%，增值税率为13%；B公司将其作为固定资产用于行政部门。该设备在采购中，发生的运杂费、安装调试费等各种费用共计25万元。预计使用期限为5年，假设无残值，采用直线法计提折旧。

要求：（1）如果该设备使用期届满进行清理，做出2×18年至2×22年的抵销分录。

（2）如果2×20年6月设备即被清理，变价收入为12万元，发生清理费用5万元，问当年编制合并报表时的抵销分录应如何编制？

3. A 公司是 B 公司的母公司，2×21 年初 A 公司对 B 公司的内部应收账款为 20 万元，2×22 年 A 公司又对 B 公司赊销商品 10 万元，毛利率为 10%，增值税率为 13%，B 公司购入后全部实现对外销售。另外，已知 A 公司坏账损失估计比例为应收账款年末余额的 5‰。

要求：编制 2×22 年 A 公司编制合并报表时的抵销分录。

4. 甲公司持有乙公司 80%的股权，2×22 年甲公司与乙公司之间发生的经济业务如下：

（1）1 月 1 日，甲公司购买了乙公司当日发行的三年期债券 300 万元，年利率 8%，该债券每年年末计息一次（已知该债券的票面利率与实际利率一致）。

（2）6 月 5 日，甲公司购买了乙公司一批商品共计 10 万元，款项尚未支付，乙公司该批商品的销售成本为 7 万元，甲公司所购商品本期 80%已经售出。

（3）9 月 30 日，乙公司购买甲公司生产的产品一批作为固定资产使用，价款及税款为 585 万元，当即投入使用，款项已经支付。已知甲公司该产品生产成本为 300 万元，乙公司预计该固定资产的使用年限为 5 年，采用直线法计提折旧。

（4）年末，乙公司计提债券利息 24 万元，计入财务费用。

（5）甲公司和乙公司均按应收账款年末余额的 5%计提坏账准备。

要求：编制上述集团公司内部交易事项的抵销分录。

5. A 公司 2×21 年度已编制合并报表，2×22 年度仍需编制合并报表，有关资料如下：

（1）A 公司拥有 B 公司 70%的股份。

（2）A 公司和 B 公司 2×21 年个别资产负债表期末数和个别利润表及所有者权益变动表的部分数据如下：

A 公司：对 B 公司长期股权投资的账面价值为 300 万元（成本法下）。

B 公司：年末所有者权益合计 400 万元，其中：实收资本 250 万元，资本公积 50 万元，盈余公积 30 万元，年末未分配利润 70 万元。本年实现净利润 10 万元，本年提取盈余公积 1 万元，向投资者分派现金利润 5 万元，年初未分配利润 66 万元。（假设 B 公司净资产的账面价值与公允价值一致）另已知 B 公司在被 A 公司取得控制权后，截至 2×20 年末累计实现利润 50 万元，对投资者分配利润 30 万元。

（3）A 公司与 B 公司之间的交易事项如下：

① A 公司按应收账款余额的 5%提取坏账准备，期末 A 公司应收 B 公司账款 30 000 元，该公司上年已提坏账准备 800 元。

② A 公司拥有 B 公司发行的长期债券 33 000 元，其中 3 000 元为本年提取的债券利息。

③ 期末 A 公司应收 B 公司商业承兑汇票 2 000 元。

④ A 公司年度内销售给 B 公司一批产品，售价 100 000 元，成本 90 000 元，A 公司销售毛利率为 10%，B 公司以 80 000 元的价格对外出售所购产品的 60%，40%留存。另外，B 公司本期将上期从 A 公司购入的未销售的存货全部售出，上年购入时的买价为

40 000 元，当时 A 公司的销售毛利率为 20%。

⑤ A 公司 1 月 10 日出售给 B 公司一台机器产品，售价 80 000 元，成本 60 000 元。B 公司做固定资产使用，并按 5 年期直线法计提折旧，假定净残值为 0。

⑥ B 公司上年从 A 公司购入一台设备，A 公司的产品销售收入 10 000 元，销售成本 8 000 元，B 公司按 10 年直线法计提折旧，上年计提折旧 1 000 元。

要求：做出 A 公司在 2×22 年末编制合并报表时的相关调整及抵销分录。

第七章

合并财务报表编制中特殊交易的处理

本章要点

一、母公司股权增持的处理

（一）母公司分步实现控股合并的处理

1. 同一控制下的企业合并

（1）个别报表层面

应当确定同一控制下企业合并形成的长期股权投资的初始投资成本。在合并日，应当按照被合并方所有者权益账面价值的份额作为长期股权投资的初始投资成本，合并日长期股权投资初始投资成本，与达到合并前的长期股权投资账面价值加上合并日取得进一步股份新支付对价的账面价值之和的差额，调整资本公积（资本溢价或股本溢价），资本公积不足冲减的，冲减留存收益。

合并方于合并日之前持有的被合并方的股权投资，保持其账面价值不变。其中：

① 合并日之前持有股权投资作为长期股权投资并采用权益法核算的，为权益法核算下至合并日应有的账面价值；

② 合并日之前持有股权投资作为金融资产并按公允价值计量的，为至合并日应有的账面价值；

如果通过多次交易分步取得同一控制下吸收合并，按照上述原则进行会计处理。

（2）合并财务报表层面

通过多次交易分步取得同一控制下企业合并，合并日原所持股权采用权益法核算、按被投资单位实现净利润和原持股比例计算确认的损益、其他综合收益，以及净资产变动部分，在合并报表中予以冲回，即冲回原权益法下确认的损益、其他综合收益，并转入资本公积（股本溢价）。

合并方的财务报表比较数据追溯调整的期间应不早于双方处于最终控制方的控制之下孰晚的时间。

2. 非同一控制下的企业合并

（1）个别财务报表层面

① 长期股权投资在购买日的初始投资成本

长期股权投资在购买日的初始投资成本为原持有股权投资的账面价值与购买日新增投资成本之和。购买日之前持有股权投资作为长期股权投资并采用权益法核算的，为权益法核算下至购买日应有的账面价值；购买日之前持有股权投资作为金融资产并按公允价值计量的，为购买日的公允价值。

② 其他综合收益的会计处理

购买日之前持有的股权投资因采用权益法核算而确认的其他综合收益，应当在处置该项投资时转入投资收益。

购买日之前持有的股权投资按照《企业会计准则第 22 号——金融工具确认和计量》的有关规定进行会计处理的，属于其他权益工具投资的，原计入其他综合收益的累计公允价值变动应当在改按成本法核算时转入留存收益，属于交易性金融资产的，其公允价值变动损益在改按成本法时转入当期损益。

（2）合并财务报表层面

购买方对于购买日之前持有的被购买方的股权，按照该股权在购买日的公允价值进行重新计量，公允价值与其账面价值的差额计入当期投资收益。合并报表层面，视同为处置原有的股权，再按照公允价值购入一项新的股权。

合并财务报表中的合并成本 = 购买日之前所持被购买方的股权于购买日的公允价值 + 购买日新购入股权所支付对价的公允价值。

购买日的合并商誉 = 按上述计算的合并成本 – 应享有被购买方可辨认净资产公允价值的份额。

购买日之前持有的被购买方的股权涉及权益法核算下的其他综合收益等的，与其相关的其他综合收益等应当转为购买日所属当期收益。

合并利润表中投资收益 = 原持有股权在购买日的公允价值与其账面价值的差额 + 与原持有股权相关的其他综合收益。

（二）母公司购买子公司少数股权的处理

个别财务报表层面：母公司个别财务报表中对于自子公司少数股东处新取得的长期股权投资，应当按照《企业会计准则第 2 号——长期股权投资》第四条的规定，确定长期股权投资的入账价值。即按照实际支付价款或公允价值确认长期股权投资。

合并财务报表层面：在合并财务报表中，子公司的资产、负债应以购买日开始持续计算的金额反映。母公司新取得的长期股权投资与按照新增持股比例计算应享有子公司自购买日开始持续计算的净资产份额之间的差额，应当调整资本公积（资本溢价或股本溢价），资本公积（资本溢价或股本溢价）的余额不足冲减的，调整留存收益。

二、母公司股权减持的处理

（一）母公司股权减持丧失对原有子公司控制权的处理

1. 原母公司个别财务报表的处理

（1）对于处置的股权

借：银行存款

贷：长期股权投资

投资收益

（2）对于剩余股权，做如下处理：

① 处置部分股权后仍对被投资方实施共同控制或重大影响的，应将剩余股权部分后续计量由成本法追溯调整为权益法，后续计量采用长期股权投资权益法核算。

成本法调整为权益法的追溯调整分录：

追溯一：对初始投资成本小于应享有被投资企业可辨认净资产公允价值的份额的差额追溯调整。

借：长期股权投资

贷：营业外收入/未分配利润

追溯二：对被投资方实现净利润的追溯调整。

如果被投资方盈利：

借：长期股权投资

贷：未分配利润（对以前年度实现公允净利润的追调）

投资收益（对当年实现公允净利润的追调）

如果被投资方亏损，则做上述分录的反向分录。

追溯三：对被投资方其他综合收益和其他权益变动的追溯。

借：长期股权投资

贷：其他综合收益

资本公积

② 处置部分股权后不能对被投资方实施共同控制或重大影响的，即长期股权投资转为其他权益工具投资（或交易性金融资产），需将剩余股权的账面价值调整至公允价值，差额计入投资收益。

2. 原母公司合并财务报表层面的处理

（1）对于剩余股权，应当按照其在丧失控制权日的公允价值进行重新计量。处置股权取得的对价与剩余股权公允价值之和，减去按原持股比例计算应享有原有子公司自购买日开始持续计算的净资产的份额与商誉之和的差额，计入丧失控制权当期的投资收益。

对剩余股份的公允价值与其账面余额的差额进行调整，计入投资收益，补做如下分录：

借：长期股权投资

贷：投资收益

（2）与原有子公司股权投资相关的其他综合收益、其他所有者权益变动，应当在丧失控制权时转为当期投资收益，由于被投资方重新计量设定受益计划净负债或净资产变动而产生的其他综合收益除外。

将当初全部投资成本法调为权益法时的记录的其他综合收益和资本公积转为投资收益：

借：其他综合收益
　　资本公积
　　贷：投资收益

（二）母公司股权减持不丧失对原有子公司控制权的处理

母公司个别报表层面：应作为长期股权投资的处置，确认处置损益。

借：银行存款
　　贷：长期股权投资
　　　　投资收益（差额，或在借方）

母公司合并财务报表层面：母公司在不丧失控制权的情况下部分处置对子公司的长期股权投资，在合并财务报表中处置价款与处置长期股权投资相对应享有子公司自购买日或合并日开始持续计算的净资产的差额应当调整“资本公积（股本溢价）”。资本公积不足冲减的，应调整留存收益。

（三）母公司出售或购买子公司时合并会计报表的编制

1. 母公司在报告期内因同一控制下企业合并增加的子公司

在编制合并资产负债表时：应当调整合并资产负债表的期初数；相应地，合并资产负债表的留存收益项目应当反映母、子公司如果一直作为一个整体运行至合并日应实现的盈余公积和未分配利润的情况。

在编制合并利润表时，应当将该子公司合并当期期初至报告期末的收入、费用、利润纳入合并利润表。

在编制合并现金流量表时，应当将该子公司合并当期期初至报告期末的现金流量纳入合并现金流量表。

2. 母公司在报告期内因非同一控制下企业合并增加的子公司

母公司应当从购买日开始编制合并资产负债表，不调整合并资产负债表的期初数；在编制合并利润表时，应当将该子公司购买日至报告期末的收入、费用、利润纳入合并利润表；在编制合并现金流量表时，应当将该子公司购买日至报告期末的现金流量纳入。

3. 母公司在报告期内处置子公司，编制合并资产负债表时，不应当调整合并资产负债表的期初数

在编制合并利润表时，应当将该子公司期初至处置日的收入、费用、利润纳入合并利润表。在编制合并现金流量表时，应当将该子公司期初至处置日的现金流量纳入合并现金流量表。

三、合并报表编制中的递延所得税问题

（一）与内部债权债务的抵销相关的递延所得税处理

母公司合并报表中相关抵销分录如下：

首先，抵销内部债权债务本身。

借：债务类
　　贷：债权类

其次，抵销内部应收账款计提的坏账准备。

借：应收账款——坏账准备

　　贷：信用减值损失

最后，抵销坏账准备产生的递延所得税。

借：所得税费用

　　贷：递延所得税资产

（二）与内部存货交易的抵销相关的递延所得税处理

母公司合并报表中相关抵销分录如下：

首先，抵销企业集团内部存货交易的未实现损益。

借：营业收入

　　贷：营业成本

　　　　存货

其次，抵销未实现内部损益对递延所得税资产的影响。

借：递延所得税资产

　　贷：所得税费用

再次，抵销存货购入方多计提的存货跌价准备。

借：存货——存货跌价准备

　　贷：资产减值损失

最后，抵销存货购入方因计提存货跌价准备产生的递延所得税资产。

借：所得税费用

　　贷：递延所得税资产

（三）与内部固定资产交易的抵销相关的递延所得税处理

母公司合并报表中相关抵销分录如下：

首先，抵销内部固定资产交易中包含的未实现内部销售损益。

借：营业收入

　　贷：营业成本

　　　　固定资产——原值

或借：资产处置损益

　　贷：固定资产——原值

其次，抵销累计折旧中包含的未实现内部交易损益。

借：固定资产——累计折旧

　　贷：管理费用

最后，确认固定资产账面价值与计税基础之间的暂时性差异产生的递延所得税资产。

借：递延所得税资产

　　贷：所得税费用

经典考题

1. **【单项选择题】**（2015 年《中级会计实务》）2014 年 1 月 1 日，甲公司以 1 800 万元自非关联方购入乙公司100%有表决权的股份，取得对乙公司的控制权；乙公司当日可辨认净资产的账面价值和公允价值均为1 500万元。2014年，乙公司以当年1月1日可辨认净资产公允价值为基础计算实现的净利润为125万元，未发生其他影响所有者权益变动的交易或事项。2015年1月1日，甲公司以2 000万元转让上述股份的80%，剩余股份的公允价值为500万元。转让后，甲公司能够对乙公司施加重大影响。不考虑其他因素，甲公司因转让该股份计入2015年度合并财务报表中投资收益项目的金额为（　　）万元。

A. 560　　B. 575　　C. 700　　D. 875

【正确答案】B

【答案解析】本题是处置子公司丧失控制权的情况下，合并报表中投资收益的计算；

2014年1月1日合并时产生的商誉＝1 800－1 500×100%＝300（万元）；

2015年1月1日处置长期股权投资在合并报表中确认的投资收益＝2 000＋500－（1 500＋125）×100%－300＝575（万元）。

2.**【单项选择题】**（2016年《中级会计实务》）以非“一揽子交易”形成的非同一控制下的控股合并，购买日之前持有的被购买方的原股权在购买日的公允价值与其账面价值的差额，企业应在合并财务报表中确认为（　　）。

A. 商誉　　B. 资本公积　　C. 投资收益　　D. 管理费用

【正确答案】C

【答案解析】以非“一揽子交易”形成的非同一控制下的控股合并，在合并财务报表中，对于购买日之前持有的被购买方的股权，应当按照该股权在购买日的公允价值重新计量，公允价值与其账面价值之间的差额计入当期投资收益。

3.**【多项选择题】**（2016年《中级会计实务》）编制合并财务报表时，母公司对本期增加的子公司进行的下列会计处理中，正确的有（　　）。

A. 同一控制下增加的子公司应调整合并资产负债表的期初数

B. 非同一控制下增加的子公司不需要调整合并资产负债表的期初数

C. 非同一控制下增加的子公司应将其期初至报告期末的现金流量纳入合并现金流量表

D. 同一控制下增加的子公司应将其期初至报告期末收入、费用和利润纳入合并利润表

【正确答案】ABD

【答案解析】选项C，非同一控制下增加的子公司应将其购买日至报告期末的现金流量纳入合并现金流量表。

4.**【多项选择题】**（2017年《中级会计实务》）2014年3月1日，甲公司自非关联方处以4 000万元取得了乙公司80%有表决权的股份，并能够控制乙公司。当日，乙公司可辨认净资产的公允价值为4 500万元。2016年1月10日，甲公司在不丧失控制权的情况下，将其持有的乙公司80%股份中的20%对外出售，取得价款1 580万元。出售当日，乙公司以2014年3月1日净资产公允价值为基础持续计算的净资产为9 000万元。不考虑增值税等相关税费及其他因素。下列关于甲公司2016年的会计处理表述中，正确

的有（　　）。

A. 合并资产负债表中终止确认商誉

B. 合并利润表中不确认投资收益

C. 合并资产负债中增加资本公积 140 万元

D. 个别利润表中确认投资收益 780 万元

【正确答案】B C D

【答案解析】

① 个别报表中确认的投资收益 = 1 580 − 4 000 × 20% = 780（万元）。

② 合并报表中调整的资本公积金额 = 1 580 − 9 000 × 80% × 20% = 140（万元）。

本章习题

一、单项选择题

1. 母公司和子公司的所得税税率均为 25%。2×21 年母公司销售 100 件产品给子公司，售价为每件 4 万元，销售成本为每件 3 万元。子公司购进后，当年向集团外销售 60 件，取得收入 300 万元，其余 40 件形成期末存货，未计提存货跌价准备。则母公司编制合并财务报表相关抵销分录的表述中，不正确的是（　　）。

A. 抵销未实现内部销售利润 40 万元

B. 合并资产负债中确认递延所得税资产 10 万元

C. 合并资产负债中确认递延所得税负债 10 万元

D. 合并利润中确认递延所得税收益 10 万元

2. 下列关于丧失控制权情况下一次交易处置部分对子公司投资的处理，不正确的是（　　）。

A. 在个别财务报表中，剩余股权应当按其账面价值确认为长期股权投资

B. 在个别财务报表中处置后的剩余股权能够对原有子公司实施共同控制或重大影响的，按有关成本法转为权益法的相关规定进行会计处理

C. 在合并财务报表中，剩余股权应当按照其在丧失控制权日的公允价值进行重新计量

D. 在合并财务报表中，与原有子公司股权投资相关的其他综合收益，应当在丧失控制权时转为当期投资收益

3. 甲公司于 2×21 年 1 月 1 日以一项公允价值为 1 000 万元的固定资产对 M 公司投资，取得 M 公司 80%的股份，购买日 M 公司可辨认净资产公允价值为 1 500 万元，与账面价值相同。2×21 年 M 公司实现净利润 100 万元，无其他所有者权益变动。2×22 年 1 月 2 日，甲公司将其持有的对 M 公司长期股权投资其中的 10%对外出售，取得价款 200 万元。M 公司编制 2×22 年合并财务报表时，应调整的资本公积金额为（　　）。

A. 72 万元　　　　B. 100 万元

C. 400 万元　　　　D. 500 万元

4. 企业在报告期出售子公司，报告期末编制合并财务报表时，下列表述中，正确的有（　　）

A. 不调整合并资产负债表的年初数

B. 应将被出售子公司年初至出售日的现金流量纳入合并现金流量表

C. 应将被出售子公司年初至出售日的相关收入和费用纳入合并利润表

D. 应将被出售子公司年初至出售日的净利润计入合并利润表投资收益

二、判断题

1. 对于分步实现的同一控制下企业合并，在编制比较报表时，以不早于合并方和被合并方同处于最终控制方的控制之下的时点开始，将被合并方的有关资产、负债并入合并方合并财务报表的比较报表中，并根据合并而增加的净资产在比较报表中调整所有者权益项下的相关项目。（　　）

2. 交叉持股，是指在由母公司和子公司组成的企业集团中，母公司持有子公司的股份并能够对其实施控制，同时子公司也持有母公司一定比例股份，即相互持有对方的股份。（　　）

3. 因子公司少数股东增资导致母公司股权稀释，母公司在增资前计算的占子公司账面净资产份额与增资后计算的占子公司账面净资产份额之间的差额计入其他综合收益。（　　）

4. 企业在报告期内因同一控制下企业合并增加的子公司，在编制合并现金流量表时，应当将该子公司合并当期期初至报告期末的现金流量纳入合并现金流量表。（　　）

5. 通过多次交易分步处置子公司且属于一揽子交易的，丧失控制权之前每次交易的处置价款与处置部分对应享有该子公司自购买日持续计算的净资产账面价值份额的差额，在合并报表中应计入投资收益。（　　）

6. 一次交易处置子公司丧失控制权的，在合并财务报表中处置股权取得的对价与剩余股权的公允价值之和，减去按原持股比例计算应享有原子公司自购买日开始持续计算的净资产账面价值份额和商誉之和，形成的差额计入丧失控制权当期的投资收益。（　　）

7. 报告期内，母公司处置对子公司的投资，如果没有丧失对该子公司的控制权，则在个别财务报表中，应当根据处置价款与处置投资对应的享有该子公司净资产份额的差额调整资本公积（资本溢价），资本溢价不足冲减的，应冲减留存收益。（　　）

三、业务题

1. 甲公司为经营战略转型进行了一系列投资和资本运作。各个公司适用的所得税税率均为 25%，在合并财务报表层面出现的暂时性差异均符合递延所得税资产或递延所得税负债的确认条件。有关业务如下：

（1）甲公司于 2×19 年 1 月 1 日以 2 500 万元购入乙公司 30%的股权，取得该项股权后，甲公司在乙公司董事会中派有 1 名成员。取得投资之日，乙公司可辨认净资产公允价值为 9 000 万元，乙公司仅有一项管理用固定资产的公允价值和账面价值不相等，该项固定资产原取得成本为 1 000 万元，预计使用年限为 10 年，预计净残值为零，采用年限平均法计提折旧，至2×19年1月1日已使用2年，投资当日公允价值为1 600万元，尚可使用8年，折旧方法及预计净残值不变。2×19年，乙公司实现净利润900万元。此外2×19年11月，乙公司将其账面价值为600万元的商品以900万元的价格出售给甲公司，甲公司将取得的商品作为存货核算，至2×19年末尚未出售。

（2）2×19年7月1日，甲公司以银行存款6 000万元支付给丁公司，丁公司以其所持有丙公司80%的股权作为支付对价。合并前，甲公司和丙公司、丁公司不存在任何关联方关系。投资时丙公司所有者权益账面价值为6 000万元，其中股本为4 000万元、资本公积为1 600万元、盈余公积为100万元、未分配利润为300万元。2×19年7月1日，丙公司仅有一项管理用固定资产的公允价值和账面价值不相等，该项固定资产的账面价值为600万元，公允价值为700万元，预计尚可使用年限为10年。

2×19年7月至12月，丙公司实现净利润1 000万元，提取盈余公积100万元，2×19年8月10日，丙公司分配现金股利600万元，甲公司得到480万元。此外，2×19年11月，丙公司将其账面价值为600万元的商品以900万元的价格出售给甲公司，甲公司将取得的商品作为管理用固定资产核算，预计使用寿命为10年，预计净残值为零。

要求：

（1）判断甲公司对乙公司长期股权投资应采用的后续计量方法并简要说明理由。编制2×19年甲公司对乙公司的长期股权投资的会计分录,并计算2×19年末对乙公司的长期股权投资账面价值。

（2）① 判断甲公司对丙公司合并所属类型，简要说明理由，编制甲公司2×19年7月1日投资时的会计分录，并计算购买日合并商誉。

② 编制甲公司2×19年12月31日编制合并报表时的相关调整抵销分录。

2. 方正股份有限公司（本题下称“方正公司”）为上市公司，2×21年至2×23年企业合并、长期股权投资有关资料如下：

资料一：2×21年1月20日，方正公司与乙公司签订购买乙公司持有的丙公司（非上市公司）60%股权的合同。合同经双方股东大会批准后生效。方正公司与乙公司不存在关联方关系。

① 2×21年3月15日，方正公司和乙公司分别召开股东大会，批准通过了该购买股权的合同。

② 经协商，双方确定丙公司60%股权的价格为7 200万元，方正公司以一项固定资产和一项土地使用权作为对价。方正公司作为对价的固定资产2×21年6月30日的账面原价为2 800万元，累计折旧为600万元，计提的固定资产减值准备为200万元，公允价值为4 000万元；作为对价的土地使用权2×21年6月30日的账面原价为2 600万元，累计摊销为400万元，计提的无形资产减值准备为200万元，公允价值为3 200万元。

③ 丙公司2×21年6月30日的所有者权益账面价值6 800万元，可辨认净资产公允价值为10 000万元。其中仅有固定资产和无形资产的账面价值和公允价值不等，其他资产和负债的账面价值等于公允价值。固定资产为一栋办公楼，账面价值为2 400万元，公允价值为4 800万元，预计该办公楼自2×21年6月30日起剩余使用年限为20年、净残值为零，采用年限平均法计提折旧；此外无形资产为一项土地使用权，账面价值为

1 600 万元，公允价值为 2 400 万元，预计该土地使用权自 2×17 年 6 月 30 日起剩余使用年限为 10 年，净残值为零，采用直线法摊销。假定该办公楼和土地使用权均为管理使用。

④ 方正公司和乙公司均于 2×21 年 6 月 30 日办理完毕上述相关资产的产权转让手续。

⑤ 方正公司于 2×21 年 6 月 30 日对丙公司董事会进行改组，并取得控制权。

方正公司在合并日（购买日）确定的长期股权投资的初始投资成本为 4 080 万元（购买日净资产账面价值 6 800×60%）。

资料二：丙公司 2×21 年及 2×22 年实现损益等有关情况如下：

① 2×21 年丙公司实现净利润 1 000 万元（假定有关收入、费用在年度中间均匀发生，即上半年和下半年净利润分别为 500 万元），当年提取盈余公积 100 万元，未对外分配现金股利。

② 2×22 年丙公司实现净利润 1 500 万元，当年提取盈余公积 150 万元，未对外分配现金股利。

③ 2×21 年 7 月 1 日至 2×22 年 12 月 31 日，丙公司除实现净利润外，未发生引起股东权益变动的其他交易和事项。

方正公司对该投资采用权益法进行核算，2×22 年末确定的长期股权投资的账面价值为 5 280 万元（4 080＋2 000×60%）。

资料三：2×23 年 1 月 2 日，方正公司以 2 950 万元的价格出售丙公司 20%的股权。当日，收到购买方通过银行转账支付的价款，并办理完毕股权转让手续。

方正公司在出售该部分股权后，持有丙公司的股权比例降至 40%，仍能够对丙公司实施重大影响，但不再拥有对丙公司的控制权。

方正公司确认的股权转让收益为 1 190 万元（2 950－5 280÷60%×20%），同时将账面价值 3 520 万元（5 280÷60%×40%）作为股权转让后长期股权投资的账面价值。

资料四：2×23 年度丙公司实现净利润 600 万元，当年提取盈余公积 60 万元，未对外分配现金股利。丙公司因当年购入的其他权益工具投资公允价值上升确认其他综合收益 200 万元。

2×23 年方正公司对丙公司长期股权投资采用权益法核算，在 2×23 年末确认投资收益 240 万元（600×40%），确认其他综合收益 80 万元（200×40%），同时增加了长期股权投资账面价值。

资料五：其他有关资料：

① 不考虑所得税及其他税费因素的影响。

② 方正公司按照净利润的 10%提取盈余公积。

要求：

（1）根据资料一和资料二，判断方正公司购买丙公司 60%股权导致的企业合并的类型、判断合并日（购买日），并说明理由。

（2）根据资料一和资料二，分析、判断方正公司确定的长期股权投资初始投资成本是否正确，并说明理由；如不正确，指出正确的做法。

（3）指出合并日（购买日）方正公司应编制哪些合并财务报表，并说明理由。

（4）分析、判断方正公司确定的 2×22 年 12 月 31 日对丙公司长期股权投资的账面价值是否正确，并说明理由；如不正确，请指出正确的做法。

（5）分析、判断方正公司出售丙公司 20%股权产生的损益的计算结果是否正确。

（6）分析、判断方正公司出售丙公司部分股权后确定的长期股权投资账面价值是否正确，并说明理由。

（7）分析、判断方正公司在 2×23 年对丙公司长期股权投资采用权益法核算是否正确；确认的投资收益、其他综合收益的金额是否正确，并说明理由。如不正确，请指出正确的金额。

（8）分别指出 2×21 年、2×22 年和 2×23 年是否应将丙公司纳入合并范围？如果纳入合并范围，指出 2×21 年如何编制合并资产负债表、合并利润表和合并现金流量表。

3. M 公司于 2×19 年 1 月 1 日合并了 N 公司，双方合并前不存在关联方关系，M 公司持有 N 公司 80%股权。母子公司适用所得税税率均为 25%，税法规定计提的坏账准备不得税前扣除，有关内部债权债务资料如下：

M 公司采用应收账款余额百分比法计提坏账准备，计提比例为 2%，2×19 年、2×20 年 M 公司应收 N 企业账款分别为 1 000 万元、1 200 万元。

要求：编制 2×19 年和 2×20 年内部应收账款与应付账款的抵销分录。

第八章

股 份 支 付

本章要点

一、股份支付的含义及特征

（一）股份支付的含义

股份支付，是“以股份为基础的支付”的简称，是指企业为获取职工和其他方提供服务而授予权益工具或者承担以权益工具为基础确定的负债的交易。

（二）股份支付的特征

1. 股份支付是企业与职工或与其他方之间发生的交易

2. 股份支付是以获取职工或其他方服务为目的的交易

3. 股份支付交易的对价或其定价与企业自身权益工具未来的价值密切相关

二、股份支付的主要环节及类型

（一）股份支付的主要环节

股份支付通常涉及四个主要环节：授予、可行权、行权和出售。其中授予日是指股份支付协议获得批准的日期；可行权日是指可行权条件得到满足、职工或其他方具有从企业取得权益工具或现金权利的日期；行权日是指职工和其他方行使权利、获取现金或权益工具的日期；出售日是指股票的持有人将行使期权所取得的期权股票出售的日期。

（二）股份支付的主要类型

1. 以权益结算的股份支付

以权益结算的股份支付，是指企业为获取服务而以股份或其他权益工具作为对价进行结算的交易。最常用的工具有限制性股票和股票期权两类。

2. 以现金结算的股份支付

以现金结算的股份支付，是指企业为获取服务而承担的以股份或其他权益工具为基础计算的交付现金或其他资产的义务的交易。最常用的工具有模拟股票和现金股票增值权两类。

三、股份支付的确认与计量原则

（一）权益结算的股份支付的确认与计量原则

1. 换取职工服务的股份支付的确认与计量原则

换取职工服务的股份支付的确认与计量原则，以授予日权益工具的公允价值计量。

在等待期内的每个资产负债表日，应当以对可行权权益工具数量的最佳估计数为基础，按照权益工具在授予日的公允价值，做处理如下：

借：管理费用等

　　贷：资本公积——其他资本公积

2. 换取其他方服务的股份支付的确认与计量原则

（1）其他方服务的公允价值能够可靠计量的

应当按照其他方服务在取得日的公允价值，将取得的服务计入相关资产成本或当期费用，相应增加所有者权益。

（2）其他方服务的公允价值不能可靠计量但权益工具的公允价值能够可靠计量的

应当按照权益工具在服务取得日的公允价值，将取得的服务计入相关资产成本或当期费用，相应增加所有者权益。

（3）权益工具公允价值无法可靠确定时的处理

企业应在获取服务的时点、后续的每个资产负债表日和结算日，以内在价值计量该权益工具，内在价值的变动计入当期损益。同时，企业应当以最终可行权或实际行权的权益工具数量为基础，确认取得服务的金额。

（二）现金结算的股份支付的确认与计量原则

1. 完成等待期内的服务或达到规定业绩条件后才可行权（有等待期）

在等待期内的每个资产负债表日，以对可行权情况的最佳估计为基础，按照企业承担负债的公允价值做账务处理如下：

借：管理费用等

　　贷：应付职工薪酬

2. 授予后立即可行权（无等待期）

应当在授予日按照企业承担负债的公允价值做账务处理如下：

借：管理费用等

　　贷：应付职工薪酬

值得注意的是，以现金结算的股份支付，企业应当在相关负债结算前的每个资产负债表日以及结算日，对负债的公允价值重新计量，将其变动计入当期损益；而以权益结算的股份支付，不确认授予日之后的公允价值变动。

四、股份支付条件的种类和修改

（一）可行权条件的种类

常见的市场条件：最低股价增长率、股东报酬率。

常见的非市场条件：净利润增长率、最低盈利目标、最低销售目标等。

值得注意的是，对于可行权条件为业绩条件的股份支付，只要职工或其他方满足了所有可行权条件中的非市场条件，企业就应当确认已得到服务相对应的成本费用。

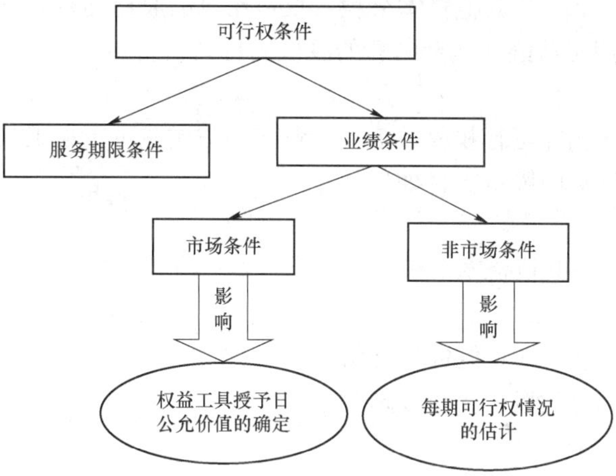

（二）条款和条件的修改

1. 有利于职工的修改

增加授予权益工具的公允价值——应按照权益工具公允价值的增加相应地确认服务的增加。

增加了授予权益工具的数量——应将增加的权益工具的公允价值相应地确认为取得服务的增加。

其他如缩短等待期等——在处理可行权条件时应考虑修改后的可行权条件。

2. 不利于职工的修改

以减少股份支付公允价值总额的方式或其他不利于职工的方式修改——仍应继续对取得服务进行会计处理，如同该变更从未发生，除非企业取消了部分或全部已授予的权益工具。

在等待期内取消了所授予的权益工具或结算了所授予的权益工具（因未满足可行权条件而被取消的除外）——应将取消或结算作为加速可行权处理，立即确认原本应在剩余等待期内确认的金额。

五、股份支付的会计处理

（一）授予日

除了立即可行权的股份支付外，不论是权益结算的股份支付还是现金结算的股份支付，在授予日均不做会计处理。

（二）等待期内的每个资产负债表日

在等待期内的每个资产负债表日，企业应根据后续信息修正可行权权益工具的数量。

权益工具公允价值的选择——权益结算的为授予日权益工具的公允价值，现金结算的为每个资产负债表日权益工具的公允价值。

根据修正后的权益工具数量及选择的公允价值，计算截至当期累计应确认的成本费用金额，再减去前期累计已确认的金额，作为当期应确认的成本费用金额。账务处理如下：

借：管理费用等

　　贷：资本公积——其他资本公积（权益结算的股份支付）

　　　　应付职工薪酬（现金结算的股份支付）

（三）可行权日之后

可行权日，最终预计可行权权益工具数量应当与实际可行权工具的数量一致。

行权日，权益结算的股份支付处理如下：

借：银行存款

　　资本公积——其他资本公积

　　贷：股本

　　　　资本公积——其他资本公积

行权日，现金结算的股份支付处理如下：

借：应付职工薪酬

　　贷：银行存款

可行权日之后，权益结算的股份支付不再调整已确认的成本费用和所有者权益总额；现金结算的股份支付，可行权日后公允价值的变动做如下处理：

借：公允价值变动损益

　　贷：应付职工薪酬（或相反）

六、集团股份支付的处理

（一）结算企业

以其自身权益工具结算——作为权益结算的股份支付处理。

其他方式下——作为现金结算的股份支付处理。

（二）接受服务企业

无结算义务或虽有结算义务但授予本企业职工的是其本身权益工具——作为权益结算的股份支付处理。

有结算义务且授予本企业职工的是集团内其他企业权益工具——作为现金结算的股份支付处理。

本章习题

一、单项选择题

1. 依据企业会计准则的规定，下列关于股份支付的表述中，不正确的是（　　）。

A. 股份支付是企业与职工或其他方之间发生的交易

B. 股份支付是以获取职工或其他方服务为目的的交易

C. 股份支付交易的对价或其定价与企业自身权益工具未来的价值密切相关

D. 股份支付交易的对价或其定价取决于授予日权益工具公允价值的高低

2. 股份支付协议生效后，对其条款和条件的修改，下列说法不正确的是（　　）。

A. 如果修改减少了所授予的权益工具的公允价值，企业应当以权益工具减少后的公允价值为基础，确认取得服务的金额

B. 对股份支付协议条款和条件的修改，应当由董事会做出决议并经股东大会审议批准，或者由股东大会授权董事会决定

C. 在会计上，无论已授予的权益工具的条款和条件如何修改，甚至取消权益工具的授予或结算该权益工具，企业都应至少确认按照所授予的权益工具在授予日的公允价值来计量获取的相应服务，除非因不能满足权益工具的可行权条件（除市场条件外）而无法行权

D. 如果修改增加了所授予的权益工具的公允价值，企业应按照权益工具公允价值的增加相应地确认取得服务的增加

3. 甲公司为一上市公司，2×20 年 1 月 1 日，公司向其 100 名管理人员每人授予 200 股股票期权，这些职员自 2×20 年 1 月 1 日起在公司连续服务 3 年，即可按每股 8 元购买 200 股股票，公司估计此期权在授予日的公允价值为 15 元。第一年有 20 名职工离开公司，预计离职总人数会达到 30%，则 2×20 年末企业应按取得的服务贷记“资本公积——其他资本公积”（　　）元。

A. 70 000　　B. 90 000　　C. 100 000　　D. 85 000

4. 续上题，2×21 年又有 16 名职工离开公司，公司估计职工总离职人数会达到 40%，则 2×21 年末企业按照取得的服务贷记“资本公积——其他资本公积”（　　）元。

A. 70 000　　B. 50 000　　C. 40 000　　D. 90 000

5. 续上题，2×22 年又有 13 名职工离开公司，则 2×22 年末应贷记“资本公积——其他资本公积”（　　）元。

A. 62 000　　B. 43 000　　C. 53 000　　D. 33 000

6. 2×10 年 12 月 18 日，股东大会批准通过 A 公司于 2×10 年 11 月 25 日提出的股份支付激励计划，A 公司为其 150 名中层以上管理人员每人授予 200 份现金股票增值权，根据股份支付协议规定，这些人员从 2×11 年 1 月 1 日起在该公司连续服务 3 年，即可按当时股价的增长幅度获得现金，该增值权应在 2×15 年 12 月 31 日前行使完毕。A 公司估计，该增值权在负债结算之前的每个资产负债表日以及结算日的公允价值和可行权后的每份增值权现金支出额如下：

增值权的公允价值及每份增值权的现金支出　　单位：元

年份	公允价值	支付现金
2×11	18	
2×12	19	
2×13	20	19
2×14	23	22
2×15		24

A公司股权激励计划的授予日为（　　）。

A. 2×10年12月18日　　B. 2×10年11月25日

C. 2×10年12月31日　　D. 2×11年1月1日

7. 续上题，2×11年有10名职工离开公司，预计3年中还会有7名职工离开，则2×11年末贷记“应付职工薪酬”（　　）元。

A. 250 000　　B. 214 530　　C. 159 600　　D. 175 600

8. 续上题，2×12年又有10名职工离开公司，预计还将有10名职工离开，则2×12年末应贷记“应付职工薪酬”（　　）元。

A. 136 250　　B. 144 400　　C. 241 650　　D. 189450

二、多项选择题

1. 股份支付的主要环节包括（　　）。

A. 授予　　B. 可行权　　C. 行权　　D. 禁售期

E. 出售

2. 下列有关股份支付特征的论述中，正确的有（　　）。

A. 股份支付是企业与职工或其他方之间发生的交易

B. 股份支付是以获取职工或其他方服务为目的的交易

C. 股份支付交易的对价或其定价与企业自身权益工具未来的价值密切相关

D. 股份支付交易的对价或其定价与企业自身权益工具授予日的公允价值密切相关

E. 股份支付产生的负债应通过“应付职工薪酬”核算

3. 下列有关股份支付业务在等待期内每个资产负债表日的会计处理论述中，正确的有（　　）。

A. 企业应当在等待期内的每个资产负债表日，将取得职工或其他方提供的服务计入成本费用，同时确认所有者权益或负债。对于附有市场条件的股份支付，只要职工满足了其他所有非市场条件，企业就应当确认已取得的服务

B. 在等待期内，业绩条件为非市场条件的，如果后续信息表明需要调整对可行权情况的估计的，应对前期估计进行修改

C. 在等待期内每个资产负债表日，企业应将取得的职工提供的服务计入成本费用，计入成本费的金额应当按照权益工具的公允价值计量

D. 对于权益结算的涉及职工的股份支付，应当按照授予日权益工具的公允价值计入成本费用和资本公积（其他资本公积），不确认其后续公允价值变动

E. 对于现金结算的涉及职工的股份支付，应当按照每个资产负债表日权益工具的公允价值重新计量，确定成本费用和应付职工薪酬

4. 关于股份支付的下列表述中，正确的有（　　）。

A. 以现金结算的股份支付如果存在等待期，应按资产负债表日权益工具的公允价值重新计量

B. 以权益结算的股份支付换取职工提供服务的，应当以授予日职工权益工具的

账面价值计量

C. 以现金结算的股份支付，应按授予日权益工具公允价值计量，不确认其后续公允价值变动

D. 以权益结算的股份支付，应按授予日权益公允价值计量，不确认其后续公允价值变动

E. 除了立即可行权的股份支付外，无论权益结算的股份支付还是现金结算的股份支付，企业在授予日都不做会计处理

5. 关于以权益结算的股份支付，下列说法正确的有（　　）。

A. 在资产负债表日，后续信息表明可行权权益工具的数量与以前估计不同，应当进行调整，并在行权日调整至实际可行权的权益工具数量

B. 以权益结算的股份支付换取职工提供服务的，应以授予日职工权益工具的公允价值计量

C. 授予后立即可行权的用来换取职工服务的以权益结算的股份支付，应当在授予日按照权益工具的公允价值计入成本或费用

D. 在资产负债表日，后续信息表明可行权权益工具的数量与以前估计不同的，应当进行调整，并在可行权日调整至实际可行权的权益工具数量

E. 以现金结算的股份支付换取职工提供服务的，应以授予日职工权益工具的公允价值计量

6. 对于以权益结算换取职工服务的股份支付，企业应当在等待期内每个资产负债表日，按授予日权益工具的公允价值，将当期取得的服务计入的相关科目包括（　　）。

A. 管理费用　　B. 制造费用　　C. 财务费用　　D. 研发支出

E. 销售费用

7. 以下关于以现金结算的股份支付，表述正确的有（　　）。

A. 可行权日之后每个资产负债表日不需要确认权益工具的预计行权数量变动

B. 可行权日之后每个资产负债表日应确认权益工具的公允价值变动和应付职工薪酬

C. 等待期内按照每个资产负债表日权益工具的公允价值和预计行权数量为基础计算或修正成本费用

D. 等待期内每个资产负债表日应确认权益工具的预计行权数量变动

E. 除了立即可行权的股份支付外，股份支付在授予日不进行会计处理

三、判断题

1. 对于以权益结算换取职工服务的股份支付，企业应当以股份支付所授予的权益工具在授予日的公允价值计量。（　　）

2. 对于以权益结算换取其他方服务的股份支付，企业应当以股份支付所授予的权益工具在授予日的公允价值计量。（　　）

3. 股份支付中通常涉及可行权条件，具体包括市场条件和非市场条件，在满足这些条件之前，职工无法获得股份。（　　）

4. 市场条件是指行权价格、可行权条件以及行权可能性与权益工具的市场价格相关

的业绩条件。（　　）

5. 企业在确定权益工具在授予日的公允价值时，应考虑市场条件的影响，不考虑非市场条件的影响；市场条件是否得到满足，影响企业对预计可行权情况的估计。（　　）

6. 不论是权益结算的股份支付，还是现金结算的股份支付，企业在授予日均不做会计处理。（　　）

7. 对于权益结算的股份支付，按授予日权益工具的公允价值计量，不确认后续公允价值的变动。（　　）

8. 对于现金结算的股份支付，按授予日权益工具的公允价值计量，确认后续公允价值的变动。（　　）

四、名词解释

1. 股份支付
2. 权益结算的股份支付
3. 现金结算的股份支付
4. 限制性股票
5. 股票期权
6. 股票增值权
7. 模拟股票
8. 业绩条件
9. 市场条件
10. 非市场条件

五、简答题

1. 股份支付的特征有哪些？
2. 股份支付工具的类型有哪些？
3. 股份支付的主要环节包括什么？
4. 权益结算的股份支付与现金结算的股份支付在确认与计量原则上有何不同？
5. 可行权条件的种类有哪些？
6. 可行权条件的修改内容包括什么？
7. 回购股份进行职工期权激励将如何处理？
8. 企业集团内发生的股份支付如何处理？

六、业务题

1. 2×20 年 1 月 1 日，A 公司为其 100 名管理人员每人授予 100 股股票期权，第一年年末的可行权条件为公司当年净利润增长率达到 20%；第二年年末的可行权条件为公司净利润两年平均增长 15%；第三年年末的可行权条件为公司净利润三年平均增长 10%。满足了可行权条件，即可以每股 10 元的价格购买 100 股 A 公司股票，从而获益。每份期权在 2×20 年 1 月 1 日的公允价值为 24 元。

2×20 年 12 月 31 日，公司净利润增长了 18%，同时有 8 名管理人员离开，公司预计 2×20 年将以同样速度增长，即 2×20—2×21 年净利润两年平均增长率能够达到 18%，因此预计 2×21 年 12 月 31 可行权。另外，预计第二年又将有 8 名管理人员离开公司。

2×21 年 12 月 31 日，公司净利润仅增长了 10%，但公司预计 2×20—2×22 年三年净利润平均增长率可达到 12%，因此预计 2×22 年 12 月 31 将可行权。另外，实际有 10 名管理人员离开，预计第三年将有 12 名管理人员离开公司。

2×22 年 12 月 31 日，公司净利润增长了 8%，三年平均增长率为 12%，满足了可行权条件（即净利润三年平均增长 10%）。当年有 8 名管理人员离开。假定 74 名职工全部在 2×22 年 12 月 31 日行权，A 公司股份的面值为每股 1 元。

要求：

（1）计算 A 公司资产负债表日应计入费用和资本公积的金额。

（2）编制 A 公司自 2×20 年至 2×22 年各年的会计分录。

（3）编制职工行权时的会计分录。

2. 2×10 年末，乙公司股东大会批准一项股票增值权激励计划，具体内容如下：

第一，股票增值权的授予条件。

（1）激励对象从 2×11 年 1 月 1 日起在该公司连续服务 3 年。

（2）激励对象未发生如下任一情形：

① 最近三年内被证券交易所公开谴责或宣布为不适当人选的；

② 最近三年内因重大违法违规行为被中国证监会予以行政处罚的；

③ 具有公司法规定的不得担任公司董事、监事、高级管理人员情形的。

（3）在授予日后 5 年内每 12 个月执行一次增值权收益，符合可行权条件的激励对象可按照当时股价的增长幅度获得现金，该增值权应在 2×15 年 12 月 31 日前行使。

第二，股票增值权的授予日、授予对象、授予数量。

（1）股票增值权的授予日：2×11 年 1 月 1 日。

（2）授予对象：

董事、总经理、副总经理、技术总监、市场总监、董秘、财务总监以及核心技术及业务人员等 100 人（名单略）。

（3）授予数量：共授予激励对象每人 100 份现金股票增值权。执行前 30 个交易日乙公司平均收盘价（执行价）高于激励计划公告前 30 个交易日平均收盘价（基准价），每份股票增值权可获得每股价差收益。

乙公司 2×11—2×15 年的相关情况如下：

乙公司估计，该增值权在负债结算之前每一资产负债表日以及结算日的公允价值和可行权后的每份增值权现金支出额如下表。

增值权的公允价值及每份增值权的现金支出　　单位：元

年份	公允价值	支付现金
2×11	12	
2×12	15	

续表

年份	公允价值	支付现金
2×13	18	15
2×14	21	20
2×15	24	25

乙公司预计所有公司激励对象都将符合授予条件（2）中的要求。

第一年有20名激励对象离开公司，估计三年中还将有15名离开；第二年又有10名激励对象离开公司，估计还将有10名离开；第三年又有15名离开。第三年年末，有30人行使股票增值权取得了现金。第四年年末，有20人行使了股票增值权。第五年年末，剩余5人也行使了股票增值权。

要求：

（1）计算乙公司资产负债表日应计入费用、应付职工薪酬及公允价值变动损益的金额。

（2）编制乙公司2×11—2×15年各年的会计分录。

第九章

每股收益

本章要点

一、每股收益的含义

每股收益（Earning Per Share，EPS），又称每股税后利润、每股盈余，每股收益是指普通股股东每持有一股所能享有的企业利润或需承担的企业亏损。

每股收益计算的基本公式为：

$$每股收益=\frac{报告期收益}{总股本数}$$

每股收益包括基本每股收益和稀释每股收益两类。基本每股收益是按照归属普通股股东的当期净利润除以发行在外普通股的加权平均数计算的每股收益。稀释每股收益是以基本每股收益为基础，假定企业所有发行在外的稀释性潜在普通股均已转换为普通股，从而分别调整归属于普通股股东的当期净利润以及发行在外的普通股加权平均数计算而得的每股收益。基本每股收益仅考虑当期实际发行在外的普通股股份，而稀释每股收益的计算和列报主要是为了避免每股收益虚增可能带来的信息误导。

二、基本每股收益的计算

（一）基本每股收益的计算

基本每股收益只考虑当期实际发行在外的普通股股份，按照归属于普通股股东的当期净利润除以当期实际发行在外普通股的加权平均数计算确定，即：

$$基本每股收益=\frac{归属于普通股股东的当期净利润}{发行在外普通股的加权平均数}$$

基本每股收益只包括发行在外的普通股股数，不考虑潜在普通股的影响；只限于本报告期普通股股东应享有的净利润，不考虑少数股东的情况。

（二）分子的确定

基本每股收益分子项为归属于普通股股东的当期净利润，即企业当期实现的可供普通股股东分配的净利润或应由普通股股东分担的净亏损金额。发生亏损的企业，每股收益以负数列示。以合并财务报表为基础计算的每股收益，分子应当是归属于母公司普通股股东的当期合并净利润，即扣减少数股东损益后的余额。与合并财务报表一同提供的母公司财务报表中企业自行选择列报每股收益的，以母公司个别财务报表为基础计算的每股收益，分子应当是归属于母公司全部普通股股东的当期净利润。

如果发布每股收益的公司除了普通股东外，还有优先股东，那么分子项的内容就是利润表中的净利润额减去优先股东应享有的股息额之差。

（三）分母的确定

每股收益中的股份不仅不包括优先股，也不包括公司库存股，普通股按照加权平均法计算出“发行在外普通股的加权平均数”，计算公式如下：

$$\frac{\text{发行在外普通股}}{\text{加权平均数}}=\frac{\text{期初发行在外}}{\text{普通股股数}}+\frac{\text{当期新发行}}{\text{普通股股数}}\times\frac{\text{已发行时间}}{\text{报告期时间}}-\frac{\text{当期回购}}{\text{普通股股数}}\times\frac{\text{已回购时间}}{\text{报告期时间}}$$

新发行普通股股数，应当根据发行合同的具体条款，从应收对价之日（一般为股票发行日）起计算确定。通常包括下列情况：（1）为收取现金而发行的普通股股数，从应收现金之日起计算。（2）因债务转资本而发行的普通股股数，从停计债务利息之日或结算日起计算。（3）非同一控制下的企业合并，作为对价发行的普通股股数，从购买日起计算；同一控制下的企业合并，作为对价发行的普通股股数，应当计入各列报期间普通股的加权平均数。（4）为收购非现金资产而发行的普通股股数，从确认收购之日起计算。但在一些特定发行情况下，两个日期可能并不一致，企业应当以应收对价之日为准。

三、稀释每股收益

（一）稀释每股收益的计算原则

企业存在稀释性潜在普通股的，应当分别调整归属于普通股股东的当期净利润和发行在外普通股的加权平均数，并据以计算稀释每股收益。

潜在普通股是指赋予其持有者在报告期或以后期间享有取得普通股权利的一种金融工具或其他合同。稀释性潜在普通股，是指假设当期转换为普通股会减少每股收益的潜在普通股。对于亏损企业而言，稀释性潜在普通股假定当期转换为普通股，将会增加企业每股亏损的金额。潜在普通股是否具有稀释性的判断标准是看其对持续经营每股收益的影响；假定潜在普通股当期转换为普通股，如果会减少持续经营每股收益或增加持续经营每股亏损，表明具有稀释性，否则，具有反稀释性。

计算稀释每股收益时，应当根据下列事项对归属于普通股股东的当期净利润进行调整：（1）当期已确认为费用的稀释性潜在普通股的利息。潜在普通股一旦假定转换成普通股，与之相关的利息费用将不再发生，原本已从企业利润中扣除的费用应当加回来，从而增加归属于普通股股东的当期净利润。因此，在计算稀释每股收益时，这一因素一般作为一项调增因素对归属于普通股股东的当期净利润进行调整，最常见的例子为可转换公司债券的利息。（2）稀释性潜在普通股转换时将产生的收益或费用。潜在普通股假定转换成发行在外的普通股，除了直接导致当期净利润发生变化的调整因素外，还应当考虑一些随之而来的间接影响因素。

计算稀释每股收益时，当期发行在外普通股的加权平均数应当为计算基本每股收益时普通股的加权平均数与假定稀释性潜在普通股转换为已发行普通股而增加的普通股股数的加权平均数之和。

假定稀释性潜在普通股转换为已发行普通股而增加的普通股股数，应当根据潜在普通股的条件确定。当存在不止一种转换基础时，应当假定会采取从潜在普通股持有者角度看最有利的转换率或执行价格。

假定稀释性潜在普通股转换为已发行普通股而增加的普通股股数应当按照其发行在外时间进行加权平均。以前期间发行的稀释性潜在普通股，应当假设在当期期初转换为普通股；当期发行的稀释性潜在普通股，应当假设在发行日转换为普通股；当期被注销或终止的稀释性潜在普通股，应当按照当期发行在外的时间加权平均计入稀释每股收益；当期被转换或行权的稀释性潜在普通股，应当从当期期初至转换日（或行权日）计入稀释每股收益中，从转换日（或行权日）起所转换的普通股则计入基本每股收益中。

（二）可转换公司债券

可转换公司债券是指发行公司依法发行，在一定期间内依据约定的条件可以转换成股份的公司债券。对于可转换公司债券，可以采用假设转换法判断其稀释性，并计算稀释每股收益。首先，假设这部分可转换公司债券在当期期初（或发行日）即已转换成普通股，从而一方面增加了发行在外的普通股股数，另一方面节约了公司债券的利息费用，增加了归属于普通股股东的当期净利润。然后，用增加的净利润除以增加的普通股股数，得出增量股的每股收益，与原来的每股收益比较。如果增量股的每股收益小于原每股收益，则说明该可转换公司债券具有稀释作用，应当计入稀释每股收益的计算中。

计算稀释每股收益时，以基本每股收益为基础，分子的调整项目为可转换公司债券当期已确认为费用的利息等的税后影响额；分母的调整项目为假定可转换公司债券当期期初（或发行日）转换为普通股的股数加权平均数。

（三）认股权证和股份期权

认股权证是指公司发行的，约定持有人有权在履约期间内或特定到期日按约定价格向本公司购买新股的有价证券。股份期权是指公司授予持有人在未来一定期限内以预先确定的价格和条件购买本公司一定数量股份的权利，股份期权持有人对于其享有的股份期权，可以在规定的期间内以预先确定的价格和条件购买公司一定数量的股份，也可以放弃该种权利。

对于盈利企业，认股权证、股份期权等的行权价格低于当期普通股平均市场价格时，具有稀释性。对于亏损企业，认股权证、股份期权具有反稀释的作用，计算稀释每股收益时不应考虑。

计算稀释每股收益时，增加的普通股股数按下列公式计算：

$$增加的普通股数=拟行权时转换的普通股股数-\frac{行权价格\times拟行权时转换的普通股股数}{当期普通股市场价格}$$

对于稀释性认股权证、股份期权，计算稀释每股收益时，一般无须调整分子净利润金额，只需要按照以下步骤调整分母普通股加权平均数：

（1）假设这些认股权证、股份期权在当期期初（或发行日）已经行权，计算按约定行权价格发行普通股将取得的股款金额。

（2）假设按照当期普通股平均市场价格发行股票，计算需发行多少普通股能够带来上述相同的股款金额。

（3）比较行使股份期权、认股权证将发行的普通股股数与按照平均市场价格发行的普通股股数，差额部分相当于无对价发行的普通股，作为发行在外普通股股数的净增加。

（4）将净增加的普通股股数乘以其假设发行在外的时间权数，据此调整计算稀释每股收益的分母数。

（四）企业承诺将回购其股份的合同

企业承诺将回购其股份的合同中规定的回购价格高于当期普通股平均市场价格时，应当考虑其稀释性。计算稀释每股收益时，与前面认股权证、股份期权的计算思路恰好相反，具体步骤为：

（1）假设企业于期初按照当期普通股平均市场价格发行普通股，以募集足够的资金来履行回购合同；合同日晚于期初的，则假设企业于合同日按照自合同日至期末的普通股平均市场价格发行足量的普通股。该假设前提下，由于是按照市价发行普通股，导致企业经济资源流入与普通股股数同比例增加，每股收益金额不变。

（2）假设回购合同已于当期期初（或合同日）履行，按照约定的行权价格回购本企业股票。

（3）比较假设发行的普通股股数与假设回购的普通股股数，差额部分作为净增加的发行在外普通股股数，再乘以相应的时间权数，据此调整计算稀释每股收益的分母数。

计算稀释每股收益时，增加的普通股股数按下列公式计算：

$$增加的普通股数=\frac{回购价格\times承诺回购的普通股数}{当期普通股平均市场价格}-承诺回购的普通股数$$

（五）多项潜在普通股

稀释性潜在普通股应当按照其稀释程度从大到小的顺序计入稀释每股收益，直至稀释每股收益达到最小值。稀释程度根据增量股的每股收益衡量，即假定稀释性潜在普通股转换为普通股的情况下，将增加的归属于普通股股东的当期净利润除以增加的普通股股数的金额。企业每次发行的潜在普通股应当视作不同的潜在普通股，分别判断其稀释性，而不能将其作为一个总体考虑。通常情况下，股份期权和认股权证排在前面计算，因为其假设行权一般不影响净利润。

对外发行多项潜在普通股的企业应当按照下列步骤计算稀释每股收益：

（1）列出企业发行在外的各潜在普通股。

（2）假设各潜在普通股已于当期期初（或发行日）转换为普通股，确定其对归属于普通股股东当期净利润的影响金额。可转换公司债券的假设转换一般会增加当期净利润的金额；股份期权和认股权证的假设行权一般不影响当期净利润。

（3）确定各潜在普通股假设转换后将增加的普通股股数。值得注意的是，稀释性股份期权和认股权证假设行权后，计算增加的普通股股数不是发行的全部普通股股数，而应当是其中无对价发行部分的普通股股数。

（4）计算各潜在普通股的增量股每股收益，判断其稀释性。增量股每股收益越小的，潜在普通股稀释程度越大。

（5）按照潜在普通股稀释程度从大到小的顺序，将各稀释性潜在普通股分别计入稀释每股收益中。分步计算过程中，如果下一步得出的每股收益小于上一步得出的每股收益，表明新计入的潜在普通股具有稀释作用，应当计入稀释每股收益中；反之，则表明具有反稀释作用，不计入稀释每股收益中。

（6）最后得出的最小每股收益金额即为稀释每股收益。

计算流程如图 9－1 所示。

（六）子公司、合营企业或联营企业发行的潜在普通股

子公司、合营企业、联营企业发行能够转换成其普通股的稀释性潜在普通股，不仅应当包括在其稀释每股收益的计算中，而且还应当包括在合并稀释每股收益以及投资者稀释每股收益的计算中。

四、每股收益的列报

（一）每股收益的重新计算

1. 派发股票股利、公积金转增资本、拆股和并股

企业发行在外普通股或潜在普通股的数量因派发股票股利、公积金转增资本、拆股而增加或因并股而减少，但不影响所有者权益金额，应当按调整后的股数重新计算各列报期间的每股收益。股份数量和变化既不影响企业所拥有或控制的经济资源，也不改变企业的盈利能力，意味着同样的损益现在要由扩大或缩小了的股份规模来享有或分担。为了保持会计指标的前后期可比性，企业应当在相关报批手续全部完成后，按调整后的股数重新计算各列报期间的每股收益。上述变化发生于资产负债表日至财务报告批准报出日之间的，应当以调整后的股数重新计算各列报期间的每股收益。

2. 配股

配股在计算每股收益时比较特殊，因为它是向全部现有股东以低于当前股票市价的价格发行普通股，实际上可以理解为按市价发行股票和无对价送股的混合体。也就是说，配股中包含的送股因素具有与股票股利相同的效果，导致发行在外普通股股数增加的同时，却没有相应的经济资源流入。因此，计算基本每股收益时，应当考虑配股中的送股因素，将这部分无对价的送股（不是全部配发的普通股）视同列报最早期间期初就已发行在外，并据以调整各列报期间发行在外普通股的加权平均数，计算各列报期间的每股收益。

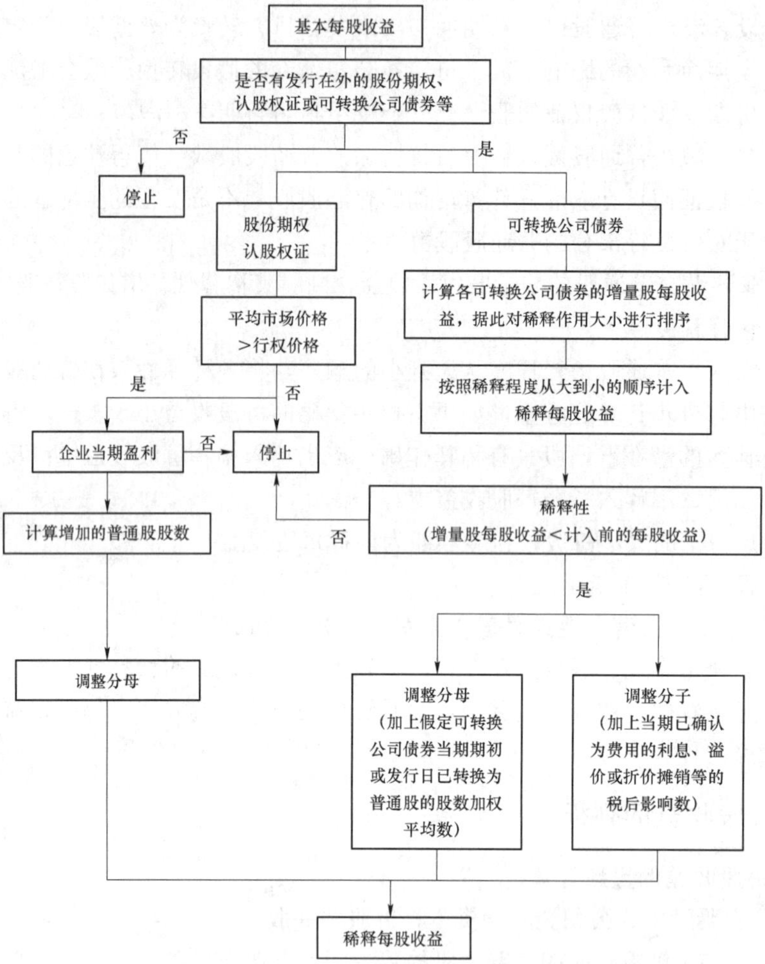

图9-1 稀释每股权益计算流程

企业首先应当计算出一个调整系数，再用配股前发行在外普通股的股数乘以该调整系数，得出计算每股收益时应采用的普通股股数。

每股理论除权价格=（行权前发行在外普通股的公允价值总额+配股收到的款项）÷行权后发行在外的普通股股数

调整系数=行权前发行在外普通股的每股公允价值÷每股理论除权价格

因配股重新计算的上年度基本每股收益=上年度基本每股收益÷调整系数

本年度基本每股收益=归属于普通股股东的当期净利润÷（配股前发行在外普通股股数×调整系数×配股前普通股发行在外的时间权重+配股后发行在外普通股加权平均数）

企业向特定对象以低于当前市价的价格发行股票的，不考虑送股因素。虽然它与配股具有相似的特征，即发行价格低于市价，但是，后者属于向非特定对象增发股票，而前者往往是企业出于某种战略考虑或其他动机向特定对象以较低的价格发行股票，或者特定对象除认购股份以外还需以其他形式予以补偿，因此，倘若综合这些因素，向特定对象发行股票的行为可以视为不存在送股因素，视同发行新股处理。

（二）每股收益的列报

普通股或潜在普通股已公开交易的企业，以及正处于公开发行普通股或潜在普通股过程中的企业，应当计算每股收益指标，并在招股说明书、年度财务报告、中期财务报告等公开披露信息中予以列报。

企业对外提供合并财务报表的，每股收益准则仅要求其以合并财务报表为基础计算每股收益，并在合并财务报表中予以列报；与合并财务报表一同提供的母公司财务报表中不要求计算和列报每股收益。

不存在稀释性潜在普通股的企业应当在利润表中单独列示基本每股收益。存在稀释性潜在普通股的企业应当在利润表中单独列示基本每股收益和稀释每股收益。编制比较财务报表时，各列报期间中只要有一个期间列示了稀释每股收益，那么所有列报期间均应当列示稀释每股收益，即使其金额与基本每股收益相等。

企业应当在附注中披露与每股收益有关的下列信息：（1）基本每股收益和稀释每股收益分子、分母的计算过程；（2）列报期间不具有稀释性但以后期间很可能具有稀释性的潜在普通股；（3）在资产负债表日至财务报告批准报出日之间，企业发行在外普通股或潜在普通股发生重大变化的情况。

经典考题

1.**【单项选择题】**（2017 年注册会计师《会计》）甲公司为境内上市公司，2×17 年度甲公司涉及普通股股数的有关交易或事项如下：（1）年初发行在外普通股 25 000 万股；（2）3 月 1 日发行普通股 2 000 万股；（3）5 月 5 日，回购普通股 800 万股；（4）5 月 30 日注销库存股 800 万股。下列各项中，不会影响甲公司 2×17 年度基本每股收益金额的是（　　）。

A. 当年发行的普通股股数　　B. 当年注销的库存股股数

C. 当年回购的普通股股数　　D. 年初发行在外的普通股股数

【答案】B

【解析】基本每股收益＝归属于普通股的净利润/（期初发行在外普通股股数+当期新发行普通股股数×已发行时间/报告时间－当期已回购普通股股数×已回购时间/报告时间）。当年回购库存股以后就不再属于发行在外的普通股，注销时只是注销的库存股不属于发行在外的普通股，不会影响分母的计算。

2.**【单项选择题】**（2014 年注册会计师《会计》甲公司 20×3 年实现归属于普通股股东的净利润为 1 500 万元，发行在外普通股的加权平均数为 3 000 万股。甲公司 20×3 年有两项与普通股相关的合同：（1）4 月 1 日授予的规定持有者可于 20×4 年 4 月 1 日以 5 元/股的价格购买甲公司 900 万股普通股的期权合约；（2）7 月 1 日授予员工 100 万份股票期权，每份期权于 2 年后的到期日可以 3 元/股的价格购买 1 股甲公司普通股。甲公司 20×3 年普通股平均市场价格为 6 元/股。不考虑其他因素，甲公司 20×3 年稀释每股收益是（　　）。

A. 0.38 元/股　　B. 0.48 元/股

C. 0.49 元/股　　D. 0.50 元/股

【答案】B

【解析】事项（1）调整增加的普通股股数=900－900×5/6=150（万股），事项（2）调整增加的普通股股数＝100－100×3/6＝50（万股），甲公司 20×3 年稀释每股收益＝1 500/（3 000+150×9/12+50×6/12）＝0.48（元/股）。

3.【单项选择题】（2017 年注册会计师《会计》）甲公司为上市公司，2×16 年期初发行在外普通股股数为 8 000 万股，当年度，甲公司合并财务报表中归属于母公司股东的净利润为 4 600 万元，发生的可能影响其发行在外普通股股数的事项有：（1）2×16 年 4 月 1 日，股东大会通过每 10 股派发 2 股股票股利的决议并于 4 月 12 日实际派发；（2）2×16 年 11 月 1 日，甲公司自公开市场回购本公司股票 960 万股，拟用于员工持股计划。不考虑其他因素，甲公司 2×16 年基本每股收益是（　　）。

A. 0.49 元/股　　B. 0.56 元/股

C. 0.51 元/股　　D. 0.53 元/股

【答案】A

【解析】基本每股收益＝4 600/（8 000+8 000/10×2－960×2/12）＝0.49（元/股）。

4.【单项选择题】（2013 年注册会计师《会计》）甲公司 20×3 年 1 月 1 日发行在外普通股为 10 000 万股，引起当年发行在外普通股股数发生变动的事项有：（1）9 月 30 日，为实施一项非同一控制下企业合并定向增发 2 400 万股；（2）11 月 30 日，以资本公积转增股本，每 10 股转增 2 股，甲公司 20×3 年实现归属于普通股股东的净利润为 8 200 万元，不考虑其他因素，甲公司 20×3 年基本每股收益是（　　）。

A. 0.55 元/股　　B. 0.64 元/股

C. 0.76 元/股　　D. 0.82 元/股

【答案】B

【解析】甲公司 20×3 年基本每股收益＝8 200/［（10 000+2 400×3/12）×1.2］＝0.64（元/股）。

本章习题

一、单项选择题

1. 甲公司 2×22 年期初发行在外的普通股为 30 000 万股；3 月 31 日新发行普通股 15 400 万股；12 月 1 日回购普通股 3 600 万股，以备将来奖励职工之用。该公司当年度实现净利润为 8 600 万元。甲公司 2×22 年度基本每股收益为（　　）元/股。

A. 0.19　　B. 0.21　　C. 0.23　　D. 0.26

2. 下列关于基本每股收益的计算，说法正确的是（　　）。

A. 计算基本每股收益时，分子为归属于普通股股东的当期利润总额

B. 计算基本每股收益时，分子为归属于普通股东的累计未分配利润

C. 计算基本每股收益时，分母为当期发行在外普通股的加权平均数

D. 计算基本每股收益时，当期发行在外的普通股股数应包括公司库存股

3. 计算稀释性每股收益时，调整归属于普通股股东的当期净利润时应考虑（　　）的影响。

A. 所得税　　C. 增值税　　C. 流转税　　D. 消费税

4. 下列有关基本每股收益，不正确的表述方法是（　　）。

A. 计算基本每股收益时，分母为当期发行在外普通股的加权平均数

B. 计算基本每股收益时，分子为归属于普通股和优先股股东的当期净利润

C. 基本每股收益仅考虑当期实际发行在外的普通股股份，按照归属于普通股股东的当期净利润除以当期实际发行在外普通股的加权平均数计算确定

D. 基本每股收益仅考虑当期实际发行在外的普通股股份

5. 甲公司 2×22 年 1 月 1 日发行票面利率为 2%的可转换公司债券，面值 2 000 万元，规定每 100 元债券可转换为面值 1 元的普通股 10 股。2×22 年甲公司利润总额为 18 000 万元，净利润 13 500 万元，2×22 年度发行在外普通股股数为 6 000 万股，公司适用的所得税税率为 25%。甲公司 2×22 年基本每股收益为（　　）元/股。

A. 3.00　　C. 2.18　　B. 2.25　　D. 2.90

6. 长江公司 2×22 年初对外发行 1 000 万份认股权证，规定每份认股权证可按行权价格 8 元/股在规定的日期行权。2×22 年度长江公司实现利润总额 8 000 万元，净利润为 6 000 万元，2×22 年度发行在外普通股加权平均股数 5 000 万股，普通股当期平均市场价格为 10 元/股。长江公司 2×22 年度基本每股收益为（　　）元/股。

A. 2.1　　C. 1.2　　B. 1.6　　D. 1.0

7. 甲公司 2×22 年度归属于普通股股东的净利润为 1 200 万元，发行在外普通股加权平均数为 2 000 万股。2×22 年 7 月 1 日，该公司与股东签订一份远期回购合同，承诺一年后以每股 8 元的价格回购其发行在外的 600 万股普通股。假设该普通股 2×22 年 7 月至 12 月平均每股市场价格为 6 元。甲公司 2×22 年度稀释每股收益为（　　）元/股。

A. 0.57　　B. 0.40　　C. 0.60　　D. 0.41

8. 甲公司 2×22 年度归属于普通股股东的净利润为 8 600 万元，发行在外普通股加权平均数为 28 000 万股。年初发行在外的潜在普通股有：（1）认股权证 5 000 万份，每份认股权证可以在行权日以 9 元的价格认购 1 股本公司新发股票。（2）按面值发行的 5 年期可转换公司债券 48 000 万元，债券每张面值 100 元，票面年利率为 4%，转股价格为每股 12 元。当期普通股平均市场价格为 12 元，年度内没有认股权证被行权，也没有可转换公司债券被转换或赎回，适用的所得税税率为 25%。假定不考虑可转换公司债券负债成分与权益成分的分拆，甲公司 2×22 年度的稀释每股收益为（　　）元/股。

A. 0.29　　B. 0.31　　C. 0.30　　D. 0.25

9. A 企业 2×22 年度归属于普通股股东的净利润为 8 400 万元，2×22 年 1 月 1 日发行在外普通股股数为 5 000 万股，2×22 年 6 月 20 日，该企业发布增资配股公告，向截

至2×22年6月30日（股权登记日）所有登记在册的老股东配股，配股比例为每5股配1股，配股价格为每股6元，除权交易基准日为2×22年7月1日。假设行权前一日的市价为每股12元，2×21年度A企业基本每股收益为2.6元/股。A企业2×22年度的基本每股收益为（　　）元/股。

A. 1.52　　B. 1.49　　C. 1.47　　D. 1.40

10.甲公司2×22年度归属于普通股股东的净利润为600万元，发行在外普通股加权平均数为940万股。2×22年4月1日，该公司与股东签订一份远期回购合同，承诺一年后以每股8元的价格回购其发行在外的240万股普通股。假设该普通股2×22年4月至12月平均每股市场价格为6元。甲公司2×22年度稀释每股收益为（　　）元/股。

A. 0.57　　B. 0.60　　C. 0.62　　D. 0.64

11. 长江公司2×21年度和2×22年度归属于普通股股东的净利润分别为3 600万元和3 800万元。2×21年1月1日，长江公司发行在外普通股股数为6 500万股；2×22年4月1日，新发行普通股股数1 500万股。长江公司于2×23年3月1日宣告分派股票股利，以2×22年12月31日总股本为基数每10股送2股。长江公司2×22年度的财务报告对外批准报出的日期为2×23年4月30日。假定不考虑其他因素，长江公司2×22年比较利润表中列示的2×22年基本每股收益和2×21年基本每股收益分别为（　　）元/股。

A. 0.42和0.55　　B. 0.42和0.46

C. 0.50和0.46　　D. 0.50和0.55

二、多项选择题

1. 下列关于每股收益的说法中，表述正确的有（　　）。

A. 每股收益是指普通股股东每持有一股普通股所享有的企业净利润或需承担的净亏损

B. 每股收益包括基本每股收益和稀释每股收益

C. 每股收益属于利润表项目

D. 每股收益可以用以评价企业的盈利能力以及预测企业的成长潜力

E. 计算基本每股收益时除了要考虑发行在外的普通股股份，还要考虑潜在普通股的稀释性

2. 下列各项中，属于潜在普通股的有（　　）。

A. 可转换公司债券　　B. 认股权证

C. 股份期权　　D. 一般公司债券

E. 发行在外的普通股

3. 下列关于计算稀释每股收益时，潜在普通股的发行在外时间确定正确的有（　　）。

A. 以前期间发行的稀释性潜在普通股假设当期期初转换为普通股

B. 当期发行的稀释性潜在普通股假设在发行日转换为普通股

C. 当期被注销或终止的稀释性潜在普通股，应当按照发行在外的时间加权平均计算稀释每股收益

D. 当期被转换或行权的稀释性潜在普通股，应当从当期期初至转换日（或行权日）计入稀释每股收益中

E. 当期被转换或行权的稀释性潜在普通股，在计算稀释每股收益时不予考虑

4. 计算稀释每股收益时，下列说法中正确的有（　　）。

A. 企业承诺回购股份合同的回购价格高于当期普通股平均市场价格的，该项回购合同具有稀释性

B. 企业承诺回购股份合同的回购价格高于当期普通股平均市场价格的，该项回购合同具有反稀释性

C. 企业承诺回购股份合同的回购价格与当期普通股平均市场价格相等时，该项回购合同对基本每股收益没有任何影响

D. 企业承诺回购股份合同的回购价格低于当期普通股平均市场价格的，该项回购合同具有稀释性

E. 企业承诺回购股份合同的回购价格低于当期普通股平均市场价格的，该项回购合同具有反稀释性

5. 下列有关企业派发股票股利的说法中，正确的有（　　）。

A. 企业派发股票股利不影响企业所有者权益的总额

B. 派发的股票股利不作账务处理，但应在备查簿中备查登记派发股票的数量

C. 提供比较财务报表的，应当以调整后的股数重新计算比较期间的每股收益

D. 提供比较财务报表的，不需重新计算比较期间的每股收益

E. 派发股票股利属于资产负债表日后事项的，应当以调整后的股数重新计算各列报期间的每股收益

6. 下列有关企业每股收益的列报中，说法正确的有（　　）。

A. 对于普通股或潜在普通股已公开交易的企业，如果不存在稀释性潜在普通股，则应当在利润表中单独列示基本每股收益

B. 对于普通股或潜在普通股已公开交易的企业，如果存在稀释性潜在普通股，则应当在利润表中单独列示基本每股收益和稀释每股收益

C. 编制比较财务报表时，如果有一个列报期间列示了稀释每股收益，那么所有列报期间均应当列示稀释每股收益，即使其金额与基本每股收益相等

D. 编制比较财务报表时，列报期间存在稀释每股收益的应在利润表中单独列报，如果不存在可以不予列报

E. 企业对外提供合并财务报表的，应以合并财务报表为基础计算每股收益在合并财务报表中予以列报，一同提供的母公司个别财务报表不要求计算和列报每股收益

7. 计算基本每股收益时，下列各项中影响分母（发行在外普通股加权平均数）的有（　　）。

A. 期初发行在外普通股股数　　B. 当期新发行普通股股数

C. 当期回购普通股股数　　D. 期末发行在外普通股股数

E. 库存股

8. 影响每股收益计算的事项有（　　）。

A. 派发股票股利　　B. 资本公积转增资本

C. 发行可转换公司债券　　D. 回购企业的股票

E. 发行认股权证

9. 下列说法中正确的有（　　）。

A. 基本每股收益仅考虑当期实际发行在外的普通股股份，按照归属于普通股股东的当期净利润除以当期实际发行在外普通股的加权平均数计算确定

B. 计算稀释每股收益时，当期发行在外普通股的加权平均数应当为计算基本每股收益时普通股的加权平均数与假定稀释性潜在普通股转换为已发行普通股而增加的普通股股数的加权平均数之和

C. 对于稀释性认股权证、股份期权等，计算稀释每股收益时，一般无须调整分子净利润金额

D. 存在多种稀释性因素时，稀释性潜在普通股应当按照其稀释程度从大到小的顺序计入稀释每股收益，直至稀释每股收益达到最小值

E. 子公司、合营企业、联营公司发行的能够转换成其普通股的稀释性潜在普通股，不仅应当包括在其稀释每股收益中，而且还应包括在合并稀释每股收益以及投资者稀释每股收益的计算中

10. 下列有关每股收益列报的说法中，正确的有（　　）。

A. 所有企业均应在利润表中列示基本每股收益和稀释每股收益

B. 不存在稀释性潜在普通股的上市公司应当在利润表中单独列示基本每股收益

C. 存在稀释性潜在普通股的上市公司应当在利润表中单独列示基本每股收益和稀释每股收益

D. 与合并报表一同提供的母公司财务报表中不要求计算和列报每股收益

E. 编制比较财务报表时，各列报期间中只要有一个期间列示了稀释每股收益，那么所有列报期间均应当列示稀释每股收益，即使其金额与基本每股收益相等

三、判断题

1. 每股收益是指所有股东平均每持有一股所能享有的企业利润或需承担的企业亏损。（　　）

2. 优先股有固定的股息，不需要计算每股收益，也不会影响每股收益，只有普通股才计算每股收益。（　　）

3. 基本每股收益只包括发行在外的股本股数，不考虑潜在普通股的影响。（　　）

4. 稀释每股收益是以基本每股收益为基础，假设企业所有发行在外的潜在普通股均已转换为普通股，从而分别调整归属于普通股股东的当期净利润以及发行在外普通股的加权平均数计算而得的每股收益。（　　）

5. 企业发行在外普通股或潜在普通股的数量因派发股票股利、公积金转增资本、拆股而增加或因并股而减少，但不影响所有者权益金额，应当按调整后的股数重新计算各列报期间的每股收益。（　　）

四、名词解释

1. 每股收益
2. 基本每股收益
3. 稀释每股收益

五、业务题

1. 经贸公司 2×21 年和 2×22 年归属于普通股股东的净利润分别为 860 万元和 920 万元，2×21 年 1 月 1 日发行在外的普通股 450 万股，2×22 年 4 月 1 日按市价新发行普通股 80 万股，2×23 年 3 月 1 日分派股票股利，以 2×22 年 12 月 31 日总股本 530 万股为基数每 10 股送 4 股。宏达公司 2×22 年度财务报告对外批准报出的日期为 2×23 年 4 月 30 日。假设不存在其他股数变动因素。

要求：

（1）计算 2×22 年基本每股收益。

（2）计算比较利润表中重新计算的 2×21 年基本每股收益。

2. 甲公司 2×22 年度归属于普通股股东的净利润为 95 000 万元，发行在外普通股加权平均数为 250 000 万股。年初已发行在外的潜在普通股有：（1）股份期权 12 000 万份，每份股份期权拥有在授权日起 5 年内的可行权日以 6 元的行权价格购买 1 股本公司新发股票的权利。（2）按面值发行的 5 年期可转换公司债券 2 000 000 万元，债券每张面值 100 元，票面年利率 2%，转股价格为每股 12.5 元。（3）按面值发行的 3 年期可转换公司债券 1 000 000 万元，债券每张面值 100 元，票面年利率 3%，转股价格为每股 10 元。当期普通股平均市场价格为 12 元，年度内没有期权被行权，也没有可转换公司债券被转换或赎回，所得税税率为 25%。假设不考虑可转换公司债券在负债和权益成分的分拆。

要求：

（1）计算甲公司 2×22 年基本每股收益。

（2）计算甲公司 2×22 年稀释每股收益。

第十章

政 府 补 助

本章要点

一、政府补助的定义、特征和主要形式

政府补助是指企业从政府无偿取得货币性资产或非货币性资产。通常情况下，直接减征、免征、增加计税抵扣额、抵免部分税额等不涉及资产直接转移的经济资源，不适用政府补助准则。除政府补助外，还可能是政府对企业的资本性投入或者政府购买服务所支付的对价。所以，要根据交易或者事项的实质对来源于政府的经济资源所归属的类型做出判断，再进行相应的会计处理。

政府补助具有如下特征：政府补助是来源于政府的经济资源；政府补助是无偿的。

政府补助的主要形式包括财政拨款、财政贴息、税收返还和无偿划拨非货币性资产。

二、政府补助的分类

政府补助应当划分为与资产相关的政府补助和与收益相关的政府补助，二者在具体账务处理上存在差别。

与资产相关的政府补助，会计上有两种处理方法可供选择，一是将与资产相关的政府补助确认为递延收益，随着资产的使用而逐步结转入损益；二是将补助冲减资产的账面价值，以反映长期资产的实际取得成本。

与收益相关的政府补助，此类补助主要是用于补偿企业已经发生或即将发生的费用或损失。受益期相对较短，所以通常在满足补助所附条件时计入当期损益或冲减相关成本。

当一项政府补助同时包含与资产相关的政府补助和与收益相关的政府补助时，企业需要将其进行分解并分别进行会计处理；难以区分的，企业应当将其整体归类为与收益相关的政府补助进行处理。

三、政府补助的确认与计量

政府补助为货币性资产的，应当按照收到或应收的金额计量。政府补助为非货币性资产的，应当按照公允价值计量；公允价值不能可靠取得的，按照名义金额计量，在取

得时直接计入当期损益。

四、政府补助的核算

政府补助有两种会计处理方法：一是总额法，在确认政府补助时将政府补助全额确认为收益，而不是作为相关资产账面价值或者费用的扣减；二是净额法，将政府补助作为相关资产账面价值的扣减或所补偿费用的扣减。企业应当根据经济业务的实质，判断某一类政府补助业务应当采用总额法还是净额法，通常情况下，对同类或类似政府补助业务只能选用一种方法，同时，企业对该业务应当一贯地运用该方法，不得随意变更。

企业选择总额法对与日常活动相关的政府补助进行会计处理的，应增设“其他收益”科目进行核算。与企业日常活动无关的政府补助，计入营业外收支。

五、政府补助的退回

已计入损益的政府补助需要退回的，应当在需要退回的当期分情况按照以下规定进行会计处理：（1）初始确认时冲减相关资产账面价值的，调整资产账面价值；（2）存在相关递延收益的，冲减相关递延收益账面余额，返还金额超出递延收益账面余额的部分计入当期损益；（3）属于其他情况，即不存在相关递延收益的，直接计入当期损益。此外，对于属于前期差错的政府补助退回，应当按照前期差错更正进行追溯调整。

为了更好地记忆与资产相关的政府补助和与收益相关的政府补助，以及在总额法和净额法下的应用，特做表 10-1。

表 10-1　两类政府补助在总额法与净额法下的处理对比

项目	与资产相关的政府补助	与收益相关的政府补助
总额法	与日常活动相关的政府补助，递延收益分期摊销，计入“其他收益”； 与日常活动无关的政府补助，递延收益分期摊销，计入“营业外收入”	与日常活动相关的政府补助，递延收益分期摊销，计入“其他收益”； 与日常活动无关的政府补助，递延收益分期摊销，计入“营业外收入”
净额法	递延收益冲减相关资产的账面价值，后期不再摊销	与日常活动相关的政府补助，递延收益分期摊销，冲减相关成本费用； 与日常活动无关的政府补助，递延收益分期摊销，计入“营业外支出”

经典考题

1.【单项选择题】（2013 年中级会计师职称考试《中级会计实务》）下列各项中，应当作为政府补助核算的是（　　）

A. 营业税直接减免　　B. 增值税即征即退

C. 增值税出口退税　　D. 所得税加计扣除

【答案】B

【解析】增值税即征即退属于政府补助，其他项目不属于政府补助。

2.【单项选择题】（2014 年中级会计师职称考试《中级会计实务》）2013 年 10 月 31 日，甲公司获得只能用于项目研发未来支出的财政拨款 1 000 万元，该研发项目预计于 2014 年 12 月 31 日完成。2013 年 10 月 31 日，甲公司应将收到的该笔财政拨款计入（　　）

A. 研发支出　　B. 递延收益　　C. 营业外收入　　D. 其他综合收益

【答案】B

【解析】该财政拨款是用于补偿以后期间费用或损失的，在取得时先确认为递延收益。

3.【单项选择题】（2019 年中级会计师职称考试《中级会计实务》）根据《税法》规定，甲动漫公司销售其自主开发的动漫软件可享受增值税即征即退政策，2×18 年 12 月 10 日，该公司收到即征即退的增值税税额 40 万元。下列各项中，甲公司对该笔退税款的会计处理正确的是（　　）。

A. 冲减管理费用　　B. 确认为递延收益

C. 确认为其他收益　　D. 确认为营业外收入

【答案】C

【解析】企业收到即征即退的增值税，属于与收益相关的政府补助，与企业日常销售密切相关，在收到时直接计入“其他收益”科目核算。

本章习题

一、单项选择题

1. M 公司是一家储备粮企业，2×18 年实际储备量为 2 亿公斤，根据国家有关规定，财政部门按每个季度每公斤 0.12 元的标准进行粮食保管费补贴，于每个季度初支付。假定该公司此项政府补助与企业日常活动相关，按总额法进行核算，则每月末 M 公司应确认（　　）。

A. 其他收益 400 万元　　B. 营业外收入 400 万元

C. 冲减管理费用 400 万元　　D. 冲减营业外支出 400 万元

2. 政府补助为非货币性资产的，应当按照公允价值计量；公允价值不能可靠取得的，按照（　　）计量。

A. 名义金额　　B. 评估价值

C. 市价　　D. 未来现金流量的现值

3. 与收益相关的政府补助，在采用总额法核算时，用于补偿企业已发生的相关费用或损失的，取得时（　　）。

A. 冲减营业外支出　　B. 直接计入当期损益

C. 计入递延收益　　D. 冲减管理费用

4. 风华公司从政府无偿取得 10 000 亩的森林，难以按照公允价值计量，只能以名义金额计量，风华公司在取得森林时贷记的会计科目是（　　）。

A. 营业外收入 1 元　　B. 营业外收入 10 000 元

C. 其他业务收入 10 000 元　　D. 资本公积 10 000 元

5. 甲公司本期收到先征后退的增值税 10 万元，应确认（　　）。

A. 冲减营业税金 10 万元　　B. 其他收益 10 万元

C. 递延收益 10 万元　　D. 资本公积 10 万元

6. 按照国家有关政策，企业购置环保设备可以申请补贴以补偿其环保支出。A 企业于 2×18 年 1 月向政府有关部门提交了 21 万元的补助申请，作为对其购置环保设备的补贴。2×18 年 3 月 15 日，A 企业收到了政府补贴款 21 万元。2×18 年 4 月，A 企业购入不需安装环保设备，实际成本为 48 万元，使用寿命 10 年，采用直线法计提折旧（不考虑净残值），A 企业采用总额法核算此项补助，那么 A 企业每月摊销计入当期损益的递延收益额为（　　）。

A. 1 750 元　　B. 4 000 元　　C. 2 250 元　　D. 5 750 元

7. 按照国家有关政策，企业购置环保设备可以申请补贴以补偿其环保支出。B 企业于 2×18 年 1 月向政府有关部门提交了 21 万元的补助申请，作为对其购置环保设备的补贴。2×18 年 3 月 15 日，B 企业收到了政府补贴款 21 万元。2×18 年 4 月，B 企业购入不需安装环保设备，实际成本为 48 万元，使用寿命 10 年，采用直线法计提折旧（不考虑净残值），B 企业采用净额法核算此项补助，那么 B 企业每月摊销计入当期损益的递延收益额为（　　）。

A. 1 750 元　　B. 4 000 元　　C. 2 250 元　　D. 0 元

8. C 企业于 2×18 年 6 月遭受水灾损失 1 000 万元，当地政府于 2×18 年 12 月给予 C 企业政府补助 300 万元，C 企业采用总额法进行核算，那么 C 企业收到此项政府补助时的处理为（　　）。

A. 确认营业外收入 300 万元　　B. 确认其他收益 300 万元

C. 冲减营业外支出 300 万元　　D. 确认营业外收入 700 万元

9. 关于政府补助的会计处理，下列说法中错误的是（　　）。

A. 在总额法下，收到政府补助款最终全额确认为收益

B. 净额法，是将政府补助作为相关成本费用的扣减

C. 与企业日常活动相关的政府补助，应当按照经济业务实质，计入其他收益或冲减相关成本费用

D. 与企业日常活动无关的政府补助，一定计入营业外收入

二、多项选择题

1. 下列情况中，属于政府补助的是（　　）。

A. 直接减征、免征、抵免部分税额　　B. 财政拨款

C. 先征后返的税金　　D. 即征即退的税金

E. 行政无偿划拨的土地使用权

2. 关于政府补助的计量，以下说法正确的有（　　）。

A. 政府补助为货币性资产的，应当按照收到或应收的金额计量

B. 如果资产负债表日企业尚未收到补助资金，但企业在符合了相关政策规定后就相应获得了收款权，且与之相关的经济利益很可能流入企业，企业应当在

这项补助成为应收款时按照应收的金额计量

C. 政府补助为非货币性资产的，应当按照公允价值计量

D. 政府补助为非货币性资产的，公允价值不能可靠取得的，按照名义金额计量

E. 政府补助为非货币性资产的，公允价值不能可靠取得的，不进行账务处理

3. 政府补助的特征主要有（　　）。

A. 无偿性

B. 直接取得资产

C. 是来源于政府的经济资源

D. 非货币性

E. 货币性

4. 当摊销与收益相关的政府补助的递延收益时，贷方可能的会计处理有（　　）。

A. 计入营业外收入

B. 计入其他收益

C. 计入成本或费用

D. 计入营业外支出

E. 计入资产科目

5. 关于与资产相关的政府补助，下列说法正确的有（　　）。

A. 采用总额法时，按照补助资金的金额借记有关资产科目，贷记“递延收益”科目；然后在相关资产使用寿命内按合理、系统的方法分期计入损益

B. 如果企业先收到补助资金，再购建长期资产，则应当在开始对相关资产计提折旧或摊销时开始将递延收益分期计入损益

C. 如果企业先开始购建长期资产，再收到补助资金，则应当在相关资产的剩余使用寿命内按照合理、系统的方法将递延收益分期计入损益

D. 企业对与资产相关的政府补助选择总额法后，为避免出现前后方法不一致的情况，结转递延收益时不得冲减相关成本费用，而是将递延收益分期转入“其他收益”或“营业外收入”科目

E. 采用总额法时，相关资产在使用寿命结束时或结束前被处置（出售、转让、报废等），尚未分摊的递延收益余额应当一次性转入资产处置当期的损益，不再予以递延

6. 已计入损益的政府补助需要退回的，下列说法正确的有（　　）。

A. 初始确认时冲减相关资产账面价值的，调整资产账面价值

B. 存在相关递延收益的，冲减相关递延收益账面余额，返还金额超出递延收益账面余额的部分计入当期损益

C. 属于其他情况，即不存在相关递延收益的，直接计入当期损益

D. 对于属于前期差错的政府补助退回，应当按照前期差错更正进行追溯调整

E. 不需要进行会计处理

7. 下列关于政府补助的说法中正确的是（　　）。

A. 政府补助是无偿的、无条件的

B. 政府以投资者身份向企业投入资本属于政府补助

C. 企业只有符合政府补助政策的规定，才有资格申请政府补助

D. 企业已经获得批准取得政府补助的，应当按照政府规定的用途使用

E. 政府补助款不一定是来自政府的经济资源

三、判断题

1. 企业取得的与资产相关的政府补助，应当采用总额法确认为递延收益，并在该项资产使用寿命内平均计入当期损益。（ ）

2. 出口企业取得的增值税出口退税款不属于政府补助。（ ）

3. 政府对企业的资本性投入、政府购买企业的服务所支付的对价属于政府补助。

（ ）

4. 政府补助通常附有一定条件，但是并不能表明政府补助是有偿的。（ ）

5. 企业对于政府补助的两种核算方法可以随意变更，对同类或类似政府补助业务也可以同时采用两种方法核算。（ ）

6. 与资产相关的政府补助和与收益相关的政府补助，可以根据经济业务实质，满足一定条件时都可以采用总额法和净额法进行处理。（ ）

7. 对于与收益相关的政府补助，企业应当选择采用总额法或净额法进行会计处理。会计核算时，选择总额法的，借记“递延收益”科目、贷记“其他收益”或“营业外收入”科目。

8. 企业收到的与收益相关的政府补助，若用于补偿企业已发生的相关成本费用或损失的，直接计入当期损益或冲减相关成本。（ ）

9.“其他收益”科目核算与企业日常活动无关的政府补助的摊销额。（ ）

10. 与资产相关的政府补助，相关资产在使用寿命结束时或结束前被处置时，尚未分摊的递延收益余额应当一次性冲减该固定资产的折旧额。（ ）

四、简答题

1. 政府补助有哪些特征及主要形式？

2. 与资产相关的政府补助、与收益相关的政府补助各有什么特点？如何进行会计核算？

3. 政府补助的总额法和净额法的特点是什么？如何进行核算？

五、业务题

1. 乙公司获得有关政府补助如下：

（1）2×18 年 1 月 1 日，收到财政部门拨给本公司的用于购建 A 先进设备生产线的专项政府补助资金 6 000 000 元存入银行。

（2）2×18 年 1 月 10 日，用该政府补助对 A 先进设备生产线进行购建。购入一批钢材，取得的增值税专用发票上注明的设备价款为 4 800 000 元，增值税进项税额为 624 000 元，款项已通过银行支付。生产线购建时，领用上年购进的原材料一批，成本 300 000 元；应付安装工人的薪酬为 900 000 元；假定不考虑其他相关税费。

（3）2×18 年 6 月 6 日，生产线达到预定可使用状态，预计使用年限为 10 年，净残值率 10%，采用双倍余额抵减法计算年折旧额。

假定公司采用总额法核算与资产相关的政府补助，且该政府补助与企业日常活动相关。

要求：（1）编制乙公司 2×18 年 1 月 1 日收到财政部门拨给的用于购建 A 先进设备生产线的专项资金的会计分录。

（2）编制 2×18 年 1 月 1 日乙公司用该政府补助对 A 先进设备进行购建的会计分录。

（3）编制 2×18 年 6 月 6 日达到预定可使用状态的会计分录。

（4）计算并编制 2×18 年末计提折旧额的会计分录。

（5）编制 2×18 年末在该固定资产使用寿命内平均分配递延收益的会计分录。（分录中金额以元表示）

2. 甲公司 2×18 年 12 月申请某国家级研发补贴。申报书中说明，该公司于 2×18 年 1 月启动的某项高新技术开发项目，预计总投资 720 万元，已经投入资金 240 万元，项目还需要投资 480 万元（其中，购置固定资产 160 万元，场地租赁费 80 万元，人员费用 240 万元），计划自筹资金 240 万元，申请财政拨款 240 万元。

2×19 年 1 月 4 日，主管部门批准了甲公司的申报，签订的补贴协议规定：共补贴甲公司款项 240 万元，分两次拨付，合同签订日拨付 120 万元，通过结项验收后支付 120 万元（若未能通过验收，不予支付第 2 笔款项）。

该项目于 2×21 年 2 月完工并通过验收。甲公司于 2×21 年 4 月 10 日收到第 2 笔拨款 120 万元。

假定甲公司与该笔政府补助相关的活动不属于日常活动，且无法区分是与资产相关还是与收益相关的政府补助，采用总额法进行核算。

要求：做出甲公司的会计处理。（分录中金额以元表示）

3. A 公司是一家粮食储备企业，2×18 年实际粮食储备为 1.5 亿公斤。根据国家有关规定，财政部门按照企业的实际粮食储备量给予每季度每斤 0.04 元的粮食保管补贴，于每个季度初支付。2×18 年 1 月 12 日，A 公司收到财政拨付的补贴款。

假定 A 公司与该项政府补助相关的活动属于日常活动，采用净额法核算。A 公司每个季度的第一天计算应收的补助款，按月摊销每笔补助。企业保管粮食在管理费用科目核算。

要求：做出 A 公司的会计处理。（分录中金额以元表示）

六、案例分析题

2×18 年 6 月，甲公司需购置一台环保设备，预计总价款 730 万元，因资金不足，按相关规定向政府有关部门提出补助 360 万元的申请。2×18 年 7 月 1 日，政府批准了甲公司的申请并拨付甲公司 360 万元的财政拨款（同日到账）。2×18 年 8 月 31 日，甲公司购入不需要安装的环保设备，取得增值税专用发票上注明的价款为 720 万元，增值税税额为 93.6 万元，使用寿命为 10 年，采用直线法计提折旧（假定无残值）。2×25 年 8 月，甲公司以 260 万元价格（不含增值税，增值税税率 13%）出售了这台设备，价款存入银行。

假定甲公司取得的该项政府补助与日常活动相关。

要求：判断题干中的政府补助属于那类的政府补助？并分别采用总额法和净额法对甲公司与该政府补助有关的业务进行会计处理，并做出资产处置的分录。（分录中金额以元表示）

习题参考答案

第一章　习题参考答案

【扫码看解析】

一、单项选择题

1. B　　2. D　　3. D　　4. A　　5. C

6. D　　7. B　　8. C　　9. B　　10. D

11. A　　12. C　　13. D　　14. A

二、多项选择题

1. BCD　　2. ADE　　3. AD　　4. ABE　　5. ABCD

6. ABDE　　7. ACDE　　8. AC　　9. BCD　　10. AB

11. ABCD　　12. BC

三、判断题

1. ×　　2. ×　　3. √　　4. ×　　5. √

6. ×　　7. √　　8. ×　　9. √　　10. √

四、名词解释

略。

五、简答题

略。

六、业务题

1.（1）应纳税所得额＝利润总额 800 万元－国债利息 80 万元＋违反税收政策罚款 40 万元－交易性金融资产公允价值变动收益 40 万元＋提取存货跌价准备 210 万元＋预计产品质量保证费用 50 万元＝980（万元）。

应交所得税＝980×25%＝245（万元）。

（2）可抵扣暂时性差异＝（1 800－1 590）＋（50－0）＝260（万元）。

应纳税暂时性差异＝300－260＝40（万元）。

单位：元

项　目	账面价值	计税基础	应纳税暂时性差异	可抵扣暂时性差异
交易性金融资产	3 000 000	2 600 000	400 000	—
存　货	15 900 000	18 000 000	—	2 100 000
预计负债	500 000	0	—	500 000
总　计	—	—	400 000	2 600 000

（3）应确认递延所得税资产＝260×25%＝65（万元）。

应确认递延所得税负债＝40×25%＝10（万元）。

（4）所得税费用＝245＋10－65＝190（万元）。

（5）借：所得税费用　　1 900 000

递延所得税资产　　650 000

贷：应交税费——应交所得税　　2 450 000

递延所得税负债　　100 000

2.（1）本年应交所得税＝［税前会计利润 240－国债利息收入 20－交易性金融资产公允价值增加额 30＋存货跌价准备 10＋固定资产折旧（100/5－100/10）］×25%＝52.5（万元）。

（2）交易性金融资产产生应纳税暂时性差异 30 万元；

其他权益工具投资产生应纳税暂时性差异 50 万元；

存货产生可抵扣暂时性差异 10 万元；

固定资产产生可抵扣暂时性差异 10 万元。

本期递延所得税负债发生额＝（30＋50）×25%＝20（万元），其中，其他权益工具投资产生的递延所得税负债＝50×25%＝12.5（万元）。

本期递延所得税资产发生额＝（10＋10）×25%＝5（万元）。

（3）本年度所得税费用＝52.5＋20－12.5－5＝55（万元）。

借：所得税费用　　550 000

其他综合收益　　125 000

递延所得税资产　　50 000

贷：递延所得税负债　　200 000

应交税费——应交所得税　　525 000

3.（1）2×17 年 12 月 31 日，无形资产达到预定可使用状态，其入账价值为 50 万元。

借：无形资产　　500 000

管理费用　　300 000

贷：研发支出——资本化支出　　500 000

——费用化支出　　300 000

（2）2×17 年 12 月 31 日

应纳税所得额＝500－30×100%＝470（万元）。

应交所得税＝470×33%＝155.10（万元）。

无形资产的账面价值为 50 万元，计税基础为 100（50×200%）万元，产生可抵扣暂时性差异 50 万元，但因无形资产初始确认时既不影响会计利润，也不影响应纳税所得额，所以不需确认递延所得税资产。

借：所得税费用　　1 551 000

贷：应交税费——应交所得税　　1 551 000

（3）2×18 年 12 月 31 日

应纳税所得额＝800－（100/5－50/5）＝790（万元）。

应交所得税＝790×25%＝197.5（万元）。

无形资产的账面价值为 40 万元，计税基础为 80 万元，可抵扣暂时性差异余额 40 万元，但因无形资产初始确认时没有确认递延所得税，所以这时也不用转回递延所得税。

借：所得税费用　　1 975 000

　　贷：应交税费——应交所得税　　1 975 000

七、案例分析题

（1）2×15 年度应纳税所得额＝9 520＋500－200＋180＝10 000（万元）。

2×15 年度应交所得税＝10 000×25%＝2 500（万元）。

（2）资料一，对递延所得税无影响。

分析：非公益性现金捐赠，本期不允许税前扣除，未来期间也不允许抵扣，未形成暂时性差异，不确认递延所得税资产。

资料二，转回递延所得税资产 50 万元。

分析：2×15 年末保修期结束，不再预提保修费，本期支付保修费用 300 万元，冲减预计负债年初余额 200 万元，因期末不存在暂时性差异，要转回原确认的递延所得税资产 50 万元（200×25%）。

资料三，税法规定，尚未实际发生的预计损失不允许税前扣除，待实际发生损失时才可以抵扣，因此本期计提的坏账准备 180 万元形成可抵扣暂时性差异，确认递延所得税资产 45 万元（180×25%）。

（3）资料一：不涉及递延所得税的处理。

资料二：

借：所得税费用　　50

　　贷：递延所得税资产　　50

资料三：

借：递延所得税资产　　45

　　贷：所得税费用　　45

（4）当期所得税（应交所得税）＝10 000×25%＝2 500（万元）；递延所得税费用＝50－45＝5（万元）；2×15 年度所得税费用＝当期所得税＋递延所得税费用＝2 500＋5＝2 505（万元）。

（5）

① 购买日合并财务报表中应确认的递延所得税负债＝（360－200）×25%＝40（万元）。

② 商誉＝合并成本－购买日应享有被购买方可辨认净资产公允价值（考虑递延所得税后）的份额＝10 900－（10 000＋160－40）×100%＝780（万元）。

调整抵销分录：

借：存货　　160

　　贷：资本公积　　160

借：资本公积　　40

　　贷：递延所得税负债　　40

借：股本　　2 000

　　未分配利润　　8 000

　　资本公积　　120

　　商誉　　780

　　贷：长期股权投资　　10 900

第二章　习题参考答案

【扫码看解析】

一、单项选择题

1. B	2. C	3. A	4. A	5. C
6. B	7. D	8. A	9. C	10. D
11. B	12. C			

二、多项选择题

1. BC	2. ABCD	3. ABCD	4. AC	5. ABC
6. ABC	7. BCD	8. ABD	9. ABC	10. ABC
11. ABC	12. ACD			

三、判断题

1. ×	2. ×	3. ×	4. √	5. √
6. ×	7. ×	8. ×	9. ×	10. ×

四、名词解释

略。

五、简答题

略。

六、业务题

1.（1）甲公司2×17年末对办公楼计提减值准备时：

甲公司对该房产每年计提的折旧额=［（1 000+34）－（40－6）］/50=20（万元）；

2×17年末甲公司对该房产计提的减值额=1 034－20×6－550=364（万元），会计分录如下：

借：资产减值损失	364	
贷：投资性房地产减值准备		364

（2）甲公司2×18年计提折旧额=（550－22）/44=12（万元）。

（3）甲公司2×19年初成本模式转为公允价值模式时：

借：投资性房地产——成本	1 000	
投资性房地产累计折旧	132（20×6+12）	
投资性房地产减值准备	364	
贷：投资性房地产		1 034
递延所得税资产		89（356×25%）
递延所得税负债		26.5｛［1 000－（1 034－20×7）］×25%｝
盈余公积		34.65
利润分配——未分配利润		311.85

（4）2×21年甲公司处置此房产时的分录如下：

借：银行存款	1 300	
贷：其他业务收入		1 300

借：其他业务成本　　1 015

　　贷：投资性房地产——成本　　1 000

　　　　　　　　　——公允价值变动　　15

借：公允价值变动损益　　15

　　贷：其他业务成本　　15

由此认定该处置业务对营业利润的影响金额=1 300－1 015=285（万元）。

2.（1）资料（1）中交易或事项处理不正确的有：①、②、③。

（2）对资料（1）中判断为不正确会计处理的调整分录如下：

业务①的调整分录：

借：以前年度损益调整　　950［（2 000－100）×50%］

　　贷：应收账款　　950

借：发出商品　　800（1 600×50%）

　　贷：以前年度损益调整　　800

借：应交税费——应交所得税　　37.5［（950－800）×25%］

　　贷：以前年度损益调整　　37.5

借：利润分配——未分配利润　　112.5

　　贷：以前年度损益调整　　112.5

借：盈余公积　　11.25

　　贷：利润分配——未分配利润　　11.25

业务②的调整分录：

借：以前年度损益调整　　1 000

　　贷：合同负债　　1 000

借：库存商品　　780

　　贷：以前年度损益调整　　780

借：应交税费——应交所得税　　55（220×25%）

　　贷：以前年度损益调整　　55

借：利润分配——未分配利润　　165

　　贷：以前年度损益调整　　165

借：盈余公积　　16.5

　　贷：利润分配——未分配利润　　16.5

业务③的调整分录：

借：以前年度损益调整　　20

　　贷：长期股权投资减值准备　　20

借：递延所得税资产　　5（20×25%）

　　贷：以前年度损益调整　　5

借：利润分配——未分配利润　　15

　　贷：以前年度损益调整　　15

借：盈余公积　　1.5

　　贷：利润分配——未分配利润　　1.5

（3）资料（2）中相关日后事项属于调整事项的有：①、②。

（4）资料（2）中资产负债表日后调整事项的调整分录如下：

业务①的调整分录：

借：以前年度损益调整	300	
应交税费——应交增值税（销项税额）	39	
贷：应收账款		339
借：库存商品	240	
贷：以前年度损益调整		240
借：应交税费——应交所得税	15（60×25%）	
贷：以前年度损益调整		15
借：利润分配——未分配利润	45	
贷：以前年度损益调整		45
借：盈余公积	4.5	
贷：利润分配——未分配利润		4.5

业务②的调整分录：

借：以前年度损益调整	120	
贷：坏账准备		120
借：递延所得税资产	30	
贷：以前年度损益调整		30
借：利润分配——未分配利润	90	
贷：以前年度损益调整		90
借：盈余公积	9	
贷：利润分配——未分配利润		9

第三章　习题参考答案

【扫码看解析】

一、单项选择题

1. A	2. B	3. A	4. B	5. C
6. B	7. D	8. C	9. A	10. D
11. D	12. D	13. B	14. A	15. C
16. B	17. D	18. C	19. C	20. B

二、多项选择题

1. BD	2. AB	3. ACE	4. BC	5. AC
6. ACD	7. BC	8. AC	9. AD	10. ACDE
11. AB				

三、判断题

1. ×	2. √	3. ×	4. √	5. √

6. √　7. √　8. ×　9. ×　10. √
11. ×　12. √

四、名词解释

略。

五、简答题

略。

六、业务题

1.（1）编制会计分录如下：

① 借：交易性金融资产——成本　37 300 000
　　贷：银行存款——美元　37 300 000（5 000 000×7.46）

② 借：应收账款——美元　2 280 000（300 000×7.6）
　　贷：主营业务收入　2 280 000

③ 借：银行存款——美元　37 650 000（5 000 000×7.53）
　　贷：实收资本　37 650 000

④ 借：原材料　3 780 000
　　贷：应付账款——美元　3 780 000（500 000×7.56）

⑤ 借：银行存款——美元　1 510 000（200 000×7.55）
　　贷：应收账款——美元　1 510 000

⑥ 借：在建工程　378 000
　　贷：长期借款——应计利息　378 000（50 000×7.56）

⑦ 交易性金融资产的公允价值变动金额=100×4.6×7.56−100×5×7.46=−252.4（万元）。

借：公允价值变动损益　2 524 000
　　贷：交易性金融资产——公允价值变动　25 24 000

（2）计算期末汇兑损益：

应收账款的期末汇兑损益

=(20+30−20)×7.56−（20×7.5+30×7.6−20×7.55）

=−0.2（万元人民币）

银行存款的期末汇兑损益

=（500−500+500+20)×7.56−（500×7.5−500×7.46+500×7.53+20×7.55）

=3 931.2−3 936

=−4.8（万元人民币）

应付账款的期末汇兑损益

=(10+50)×7.56−（10×7.5+50×7.56）

=0.6（万元人民币）

长期借款的期末汇兑损益

=85×7.56−80×7.5−5×7.56=4.8（万元人民币）

编制会计分录如下：

借：在建工程　　48 000

　　贷：长期借款——美元　　48 000

借：财务费用——汇兑损益　　56 000

　　贷：应付账款——美元　　6 000

　　　　应收账款——美元　　2 000

　　　　银行存款——美元　　48 000

2. 折算后的报表如下：

资产负债表

编制单位：乙公司　　2×21 年 12 月 31 日　　单位：万元

资产	期末数（美元）	折算汇率	折算为人民币金额	负债和股东权益	期末数（美元）	折算汇率	折算为人民币金额
流动资产：				流动负债：			
货币资金	90	7.7	693	短期借款	45	7.7	346
应收账款	190	7.7	1 463	应付账款	285	7.7	2 194
存货	240	7.7	1 848	其他流动负债	110	7.7	847
其他流动资产	150	7.7	1 155	流动负债合计	440		3 388
流动资产合计	670		5 159	非流动负债：			
非流动资产：				长期借款	140	7.7	1 078
长期应收款	120	7.7	924	应付债券	80	7.7	616
固定资产	550	7.7	4 235	其他非流动负债	90	7.7	693
在建工程	80	7.7	616	非流动负债合计	310		2 387
无形资产	50	7.7	385	负债合计	750		5 775
其他非流动资产	30	7.7	231	股东权益：			
非流动资产合计	830		6 391	股本	500	8	4 000
				盈余公积	120		937
				未分配利润	130		1 048
				外币报表折算差额			−210
				股东权益合计	750		5 775
资产总计	1 500		11 550	负债和股东权益总计	1 500		11 550

利润表

编制单位：乙公司　　2×21 年度　　单位：万元

项　目	期末数（美元）	折算汇率	折算为人民币金额（人民币）
一、营业收入	2 000	7.6	15 200
减：营业成本	1 500	7.6	11 400
营业税金及附加	40	7.6	304

续表

项　　目	期末数（美元）	折算汇率	折算为人民币金额（人民币）
管理费用	100	7.6	760
财务费用	10	7.6	76
加：投资收益	30	7.6	228
二、营业利润	380		2 888
加：营业外收入	40	7.6	304
减：营业外支出	20	7.6	152
三、利润总额	400		3 040
减：所得税	120	7.6	912
四、净利润	280		2 128

所有者权益变动表

编制单位：乙公司　　　　2×21 年度　　　　单位：万元

	实收资本			盈余公积			未分配利润		外币报表折算差额	所有者权益合计
	欧元	折算汇率	人民币	欧元	折算汇率	人民币	欧元	人民币		人民币
一、本年年初余额	500	8	4 000	50		405	120	972		5 377
二、本年增减变动金额										
（一）净利润							280	2 128		2 128
（二）直接计入所有者权益的利得损失										−210
其中：外币报表折算差额									−210	−210
（三）利润分配										−1 520
1. 提取盈余公积				70	7.6	532	−70	−532		0
2. 对股东的分配							−200	−1 520		−1 520
三、本年年末余额	500	8	4 000	120		937	130	1 048	−210	5 775

七、案例分析题

（1）甲公司 2×21 年 3 月份外币交易或事项相关的会计分录如下：

① 3 月 2 日

借：银行存款——人民币户　　790（100×7.9）

　　财务费用——汇兑差额　　10

　　贷：银行存款——欧元　　800（100×8.0）

② 3 月 10 日

借：原材料　　3 416（400×7.9+256）

　　应交税费——应交增值税（进项税额）　　444.08

贷：应付账款——欧元　　3 160（400×7.9）

银行存款——人民币　　700.08

③ 3月14日

借：应收账款——欧元　　4 740（600×7.9）

贷：主营业务收入　　4 740

④ 3月20日

借：银行存款——欧元　　2 340（300×7.8）

财务费用——汇兑差额　　60

贷：应收账款——欧元　　2 400（300×8.0）

⑤ 3月22日

借：应付账款——欧元　　3 160（400×7.9）

贷：银行存款——欧元　　3 120（400×7.8）

财务费用——汇兑差额　　40

⑥ 3月25日

借：交易性金融资产——成本　　78（10×1×7.8）

贷：银行存款——欧元　　78

⑦ 3月31日

计提外币借款利息＝1 000×4%×3/12＝10（万欧元）。

借：在建工程　　77

贷：长期借款　　77（10×7.7）

单位：万元人民币

外币账户	3月31日汇兑差额
银行存款（欧元户）	－199
应收账款（欧元户）	－150
应付账款（欧元户）	＋60
长期借款（欧元户）	＋300

（2）外币银行存款账户汇兑差额＝（800－100＋300－400－10）×7.7－（6 400－800＋2 340－3 120－78）＝－199（万元人民币）。

应收账款账户汇兑差额＝（400＋600－300）×7.7－（3 200＋4 740－2 400）＝－150（万元人民币）。

应付账款账户汇兑差额＝（200＋400－400）×7.7－（1 600＋3 160－3 160）＝－60（万元人民币）。

长期借款账户汇兑差额＝1 000×（7.7－8）＋10×（7.7－7.7）＝－300（万元人民币）。

借：应付账款——欧元　　60

财务费用——汇兑差额　　289

贷：银行存款——欧元　　199

应收账款——欧元　　150

借：长期借款——欧元　300
　　贷：在建工程　300

（3）2×21 年 3 月 31 日以公允价值计量且其变动计入当期损益的金融资产的公允价值＝11×1×7.7＝84.7（万元人民币）。

借：交易性金融资产——公允价值变动　6.7（84.7－78）
　　贷：公允价值变动损益　6.7

第四章　习题参考答案

【扫码看解析】

一、单项选择题

1. A	2. D	3. B	4. A	5. D
6. C	7. D	8. D	9. D	10. B
11. C	12. A	13. D	14. A	15. A

二、多项选择题

1. ABD	2. ACDE	3. AC	4. ABCDE	5. ACD
6. AE	7. ABDE	8. ABCD	9. ABCDE	10. ABC

三、判断题

1. √	2. √	3. √	4. √	5. ×
6. √	7. √	8. ×	9. √	10. ×

四、名词解释

略。

五、简答题

略。

六、业务题

1. 商誉＝500 000×1.2－（450 000－36 000）＝186 000（元）。

借：流动资产　90 000
　　固定资产　270 000
　　无形资产　90 000
　　商誉　186 000
　　贷：负债　36 000
　　　　股本　500 000
　　　　资本公积　100 000

2. 借：货币资金　250 000
　　交易性金融资产　120 000
　　应收账款　180 000
　　存货　260 000
　　债权投资　160 000

固定资产	300 000	
无形资产	40 000	
贷：流动负债		310 000
非流动负债		400 000
股本		100 000
资本公积		500 000

3.（1）① 2×21 年 1 月 1 日

借：其他权益工具投资——成本	1 000	
贷：银行存款		1 000

② 2×21 年收到现金股利

借：应收股利	10（100×10%）	
贷：投资收益		10
借：银行存款	10	
贷：应收股利		10

③ 2×21 年 12 月 31 日

借：其他权益工具投资——公允价值变动	200	
贷：其他综合收益		200

（2）2×22 年 1 月 1 日

借：长期股权投资	6 300	
贷：银行存款		6 300
借：长期股权投资	1 260	
贷：其他权益工具投资——成本		1 000
公允价值变动		200
盈余公积		6
利润分配——未分配利润		54

同时：

借：其他综合收益	200	
贷：盈余公积		20
利润分配——未分配利润		180

长期股权投资账面价值＝6 300＋1 260＝7 560（万元）。

（3）合并成本＝6 300＋1 260＝7 560（万元）

或＝6 300/50%×60%＝7 560（万元）

甲公司对乙公司投资形成的商誉＝7 560－12 200×60%＝240（万元）。

七、案例分析题

1.（1）东方公司并购甲公司交易的会计处理不正确。理由是：

东方公司和甲公司同属大地集团公司控制，因此东方公司并购甲公司的交易属于同一控制下的企业合并。对于同一控制下的企业合并，东方公司在合并中取得的资产和负债，应当按照合并日在甲公司的账面价值计量；合并方取得的净资产账面价值与支付的合并对价账面价值的差额，应当调整资本公积；资本公积不足冲减的，调整留存收益。另外，同一控制下的企业合并中，为企业合并发行的债券或承担其他债务支付的手续费、佣金等，应当计入所发行债券及其他债务的初始计量金额。因此，题中东方公司为并购甲公司而发行的企业债券发生的20万元手续费，不能计入当期损益，而应予以资本化，计入所发行债券的初始计量金额。

（2）东方公司并购自来水公司交易的会计处理不正确。理由是：

自来水公司是外省某市的一家独立企业，因此对自来水公司的并购属于非同一控制下的企业合并。对于非同一控制下的企业合并中取得的资产和负债入账价值，确定的基础不应当是账面价值，而应当是公允价值。合并中所取得的净资产账面价值与其承担的合并成本之间的差额，如果购买方对合并成本大于合并中取得的被购买方可辨认净资产公允价值份额的差额，应当确认为商誉。如果购买方对合并成本小于合并中取得的被购买方可辨认净资产公允价值份额的差额，应当对取得的被购买方各项可辨认资产、负债及或有负债的公允价值以及合并成本的计量进行复核；经复核后合并成本仍小于合并中取得的被购买方可辨认净资产公允价值份额的，其差额应当计入当期损益。

2.（1）甲公司购入A公司股份属于企业合并。

理由：收购完成后，A公司董事会进行重组，7名董事中4名由甲公司委派；A公司所有生产经营和财务管理重大决策须由半数以上董事表决通过。甲公司能够控制A公司。

甲公司购入A公司股份属于同一控制下的企业合并。

理由：A公司是甲公司的母公司乙集团下属全资子公司。

合并日是2011年10月31日。

（2）甲公司在合并日应确定的长期股权投资金额＝170 000万元×50%＝85 000万元。

支付的价款与长期股权投资金额之间差额，应调整所有者权益相关项目，应当首先调整资本公积（资本溢价或股本溢价），资本公积（资本溢价或股本溢价）的余额不足冲减的，应冲减留存收益。

甲公司支付的审计、法律服务、咨询等费用应于发生时费用化计入当期损益。

（3）该项合并属于非同一控制下的企业合并。

理由：合并前甲公司于B银行无关联关系。

甲公司合并成本与确认的可辨认净资产公允价值份额之间的差额＝160 000万元－190 000万元×90%＝－11 000万元。

该差额应体现在购买方当期的合并利润表中，计入合并当期的营业外收入。

（4）甲公司购入C公司20%股份不构成企业合并。

理由：甲公司于2012年6月30日以12 000万元取得了C公司70%的有表决权股份，能够实施控制。已经实现企业合并。8月31日，甲公司又以4 000万元取得了C公司20%的有表决权股份属于购买子公司少数股权。

甲公司购入C公司20%股份后，甲公司个别报表上的长期股权投资金额＝12 000万元＋4 000万元＝16 000万元。

在甲公司合并报表上应该列示的商誉金额＝12 000－15 000×70%＝1 500万元。

（5）甲公司购入C公司20%股份支付的价款与其应享有C公司自购买日始持续计算的可辨认净资产公允价值份额之间的差额＝4 000－18 000×20%＝400万元。

该差额应当调整合并报表中资本公积（资本溢价或股本溢价），资本公积（资本溢价或股本溢价）的余额不足冲减的，调整留存收益。

第五章　习题参考答案

【扫码看解析】

一、单项选择题

1. A	2. A	3. D	4. A	5. A
6. A	7. D	8. B	9. B	10. B
11. D	12. A	13. B	14. D	

二、多项选择题

1. ACE	2. ABC	3. ABCDE	4. ABCDE	5. ABCD
6. ABCE	7. ABCDE	8. AD	9. BD	10. ABDE

三、判断题

1. √	2. √	3. ×	4. √	5. √
6. √	7. √	8. ×	9. ×	10. ×

四、名词解释

略。

五、简答题

略。

六、业务题

1.（1）当购买成本为400 000元时，抵销分录为：

借：股本	200 000	
盈余公积	200 000	
未分配利润	100 000	
贷：长期股权投资		400 000
少数股东权益		100 000

（2）当购买成本为500 000元时，抵销分录为：

借：股本	200 000	
盈余公积	200 000	
未分配利润	100 000	
商誉	100 000	
贷：长期股权投资		500 000
少数股东权益		100 000

（3）当购买成本为250 000元时，抵销分录为：

借：股本	200 000	
盈余公积	200 000	
未分配利润	100 000	
贷：长期股权投资		250 000
少数股东权益		100 000
营业外收入		150 000

2.（1）取得股权时：

借：长期股权投资　105 000
　　贷：银行存款　105 000

（2）编制合并日合并财务报表时的抵销分录：

借：股本　25 000
　　资本公积　20 000
　　盈余公积　73 500
　　未分配利润　1 500
　　贷：长期股权投资　105 000
　　　　未分配利润　15 000

合并工作底稿略。

3.（1）取得股权时：

借：长期股权投资　150 000
　　贷：银行存款　150 000

（2）编制合并日合并财务报表时的调整分录：

借：固定资产　30 000
　　应付债券　10 000
　　贷：存货　5 000
　　　　资本公积　35 000

（3）编制合并日合并财务报表时的抵销分录：

借：股本　25 000
　　资本公积　55 000
　　盈余公积　73 500
　　未分配利润　1 500
　　贷：长期股权投资　150 000
　　　　未分配利润　5 000

合并工作底稿略。

4.（1）由于进行企业合并付出的现金为 1 420 000 元，则合并成本为 1 420 000 元。取得股权时的分录如下：

借：长期股权投资　1 420 000
　　贷：银行存款　1 420 000

借：管理费用　80 000
　　贷：银行存款　80 000

（2）编制合并日合并财务报表时的抵销分录：

借：股本　600 000
　　资本公积　610 000
　　盈余公积　173 000
　　未分配利润　140 000
　　商誉　201 600

贷：长期股权投资 1 420 000

少数股东权益 304 600

5.（1）在母公司理论下，先编制母公司合并价差分配表如下：

甲公司合并价差分配表

投资成本				1 420 000
减：甲公司拥有乙公司净资产账面价值的份额			1 523 000×80% =	1 218 400
投资成本高于拥有乙公司净资产账面价值份额的差额（即合并价差）				201 600
将乙公司净资产公允价值高于其账面价值的分配，按母公司持股比例分配如下：				
	公允价值	账面价值	差额×持股比例	分配额
存货	340 000	360 000	−20 000×80%	−16 000
固定资产	1 600 000	1 500 000	100 000×80%	80 000
合计	1 940 000	1 860 000	80 000×80%	64 000
减：可辨认净资产分配的差额				64 000
合并商誉（即母公司投资成本高于其拥有子公司净资产公允价值份额的差额）				137 600

根据合并价差分配表，编制以下抵销分录：

① 借：股本 600 000

资本公积 610 000

盈余公积 173 000

未分配利润 140 000

合并价差 201 600

贷：长期股权投资 1 420 000

少数股东权益 304 600

② 借：固定资产 80 000

商誉 137 600

贷：存货 16 000

合并价差 201 600

注：应确认的少数股东权益＝子公司净资产的账面价值×少数股东持股比例

＝1 523 000×20%

＝304 600（元）

合并工作底稿略。

（2）在实体理论下，将母、子公司视为同一经济实体，不仅母公司按比例购买的子公司净资产要按公允价值计算，少数股东按比例享有的子公司净资产部分也应按公允价值计算。子公司的商誉为全体股东的商誉。编制合并价差计算分配表如下。

合并价差分配表

乙公司的估计市价总额（1 420 000/80%）			1 775 000
减：股东权益的账面价值			1 523 000
投资成本高于拥有子公司净资产账面价值份额的差额（即合并价差）			252 000
子公司净资产公允价值高于其账面价值的分配：			
	公允价值	账面价值	分配额
存货	340 000	360 000	−20 000
固定资产	1 600 000	1 500 000	100 000

续表

合计	1 940 000	1 860 000	80 000
减：可辨认净资产分配的差额			80 000
合并商誉（即子公司估计市价总额高于其净资产公允价值的差额）			172 000

根据合并价差分配表，编制以下抵销分录：

① 借：股本　600 000
　　资本公积　610 000
　　盈余公积　173 000
　　未分配利润　140 000
　　合并价差　252 000
　　贷：长期股权投资　1 420 000
　　　　少数股东权益　355 000（1 420 000÷80%×20%）

② 借：固定资产　100 000
　　商誉　172 000（全体股东的商誉）
　　贷：存货　20 000
　　　　合并价差　252 200

注：子公司的估计市价总额=母公司的购买价格÷母公司的持股比例=1 420 000÷80%
=1 775 000（元）

子公司可辨认净资产的公允价值=子公司净资产的账面价值+资产及负债增减值
=1 523 000+80 000=1 603 000（元）

商誉=子公司的估计市价总额−子公司可辨认净资产的公允价值=1 775 000−1 603 000
=172 000（元）

应确认的少数股东权益=子公司净资产的估计市价总额×少数股东持股比例
=1 775 000×20%=355 000（元）

合并工作底稿略。

（3）我国合并报表准则的要求下，除商誉仅确认母公司的股东，不考虑少数股东权益部分外，其他均同实体理论。即：

① 先调整子公司报表中各项资产、负债至公允价值，并确认子公司权益中“资本公积”的增加。

借：固定资产　100 000
　　贷：存货　20 000
　　　　资本公积　80 000

② 编制抵销分录

借：股本　600 000
　　资本公积　690 000
　　盈余公积　173 000
　　未分配利润　140 000
　　商誉　137 600

贷：长期股权投资　　1 420 000

　　少数股东权益　　320 600

注：应确认的少数股东权益＝子公司可辨认净资产的公允价值×少数股东持股比例

＝（1 523 000＋80 000）×20%

＝320 600（元）

应确认的商誉＝母公司的投资成本－子公司可辨认净资产的公允价值×母公司持股比例

＝1 420 000－（1 523 000＋80 000）×80%

＝137 600（元）

合并工作底稿略。

第六章　习题参考答案

【扫码看解析】

一、单项选择题

1. A　2. A　3. B　4. A　5. B

6. C　7. D　8. C　9. D　10. C

二、多项选择题

1. ABC　2. AB　3. ABCDE　4. AD　5. ABE

6. ACD　7. BE　8. ABD　9. AB　10. ABC

三、判断题

1. ×　2. √　3. √　4. ×　5. ×

6. ×　7. √　8. √　9. ×　10. ×

11. ×　12. ×　13. √

四、名词解释

略。

五、简答题

略。

六、业务题

1. 利息相关项目计算表　　单位：元

期数	应付利息（1）＝100万×10%	利息费用（2）＝期初（5）×6.77%	摊销的利息调整（3）＝（1）－（2）	未摊销的利息调整（4）＝期初（4）－（3）	应付债券摊余成本（5）＝期初（5）＋（1）－（3）
				81 100	1 081 100
1	100 000	73 190	26 810	54 290	1 154 290
2	100 000	78 145	21 855	32 435	1 232 435
3	100 000	83 436	16 564	15 871	1 315 871
4	100 000	89 084	10 916	4 955	1 404 955
5	100 000	95 045	4 955		1 500 000

第 1 年的抵销分录：
① 借：应付债券 577 145（1 154 290÷2）
　　贷：债权投资 577 145（1 154 290÷2）
② 借：投资收益 36 595（73 190÷2）
　　贷：财务费用 36 595（73 190÷2）
第 2 年的抵销分录：
① 借：应付债券 616 217.5（1 232 435÷2）
　　贷：债权投资 616 217.5（1 232 435÷2）
② 借：投资收益 39 072.5（78 145÷2）
　　贷：财务费用 39 072.5（78 145 ÷2）
第 3 年的抵销分录：
① 借：应付债券 657 935.5（1 315 871÷2）
　　贷：债权投资 657 935.5（1 315 871÷2）
② 借：投资收益 41 718（83 436÷2）
　　贷：财务费用 41 718（83 436÷2）
2.（1）设备到期清理
2×17 年抵销分录：
借：营业收入 1 000 000
　　贷：营业成本 800 000
　　　　固定资产 200 000
2×18 年抵销分录：
① 借：未分配利润——年初 200 000
　　贷：固定资产 200 000
② 借：固定资产——累计折旧 40 000
　　贷：管理费用 40 000
2×19 年抵销分录：
① 借：未分配利润——年初 200 000
　　贷：固定资产 200 000
② 借：固定资产——累计折旧 40 000
　　贷：未分配利润——年初 40 000
③ 借：固定资产——累计折旧 40 000
　　贷：管理费用 40 000
2×20 年抵销分录：
① 借：未分配利润——年初 200 000
　　贷：固定资产 200 000
② 借：固定资产——累计折旧 80 000
　　贷：未分配利润——年初 80 000

③ 借：固定资产——累计折旧 40 000
　　贷：管理费用 40 000

2×21 年抵销分录：

① 借：未分配利润——年初 200 000
　　贷：固定资产 200 000

② 借：固定资产——累计折旧 120 000
　　贷：未分配利润——年初 120 000

③ 借：固定资产——累计折旧 40 000
　　贷：管理费用 40 000

2×22 年抵销分录：

借：未分配利润——年初 40 000
　贷：管理费用 40 000

（2）如果 2×20 年 6 月设备报废，则 2×20 年编制合并报表时的抵销分录为：

① 借：未分配利润 ——年初 200 000
　　贷：营业外支出 200 000

② 借：营业外支出 80 000
　　贷：未分配利润 ——年初 80 000（以前年度多提部分）

③ 借：营业外支出 20 000
　　贷：管理费用 20 000（当年前半年多提部分）

3. ① 抵销上期计提坏账准备对期初未分配利润的影响

借：应收账款——坏账准备 1 000
　贷：未分配利润 ——年初 1 000

② 抵销内部应收、应付账款

借：应付账款 317 000
　贷：应收账款 317 000

③ 抵销本期计提坏账准备对本期利润的影响

借：应收账款——坏账准备 585
　贷：信用减值损失 585

④ 抵销本期内部存货交易对利润表的影响

借：营业收入 100 000
　贷：营业成本 100 000

4.（1）抵销本期内部债券交易

借：应付债券 3 240 000
　贷：债权投资 3 240 000

（2）抵销本期内部存货交易对报表的影响

① 借：营业收入 100 000
　　贷：营业成本 100 000

② 借：营业成本 6 000
　　贷：存货 6 000

③ 借：应付账款 100 000
　　贷：应收账款 100 000
（3）抵销本期内部固定资产交易对报表的影响
① 借：营业收入 5 000 000
　　贷：营业成本 3 000 000
　　　　固定资产 2 000 000
② 借：固定资产——累计折旧 100 000
　　贷：管理费用 100 000
（4）抵销本期内部债券交易所虚增的投资收益和财务费用
借：投资收益 240 000
　贷：财务费用 240 000
（5）抵销本期内部债权所计提的坏账准备
借：应收账款——坏账准备 5 000
　贷：信用减值损失 5 000
5. 第一步：将 A 公司与 B 公司之间的交易事项予以抵销
（1）抵销内部应收、应付账款
① 借：应付账款 30 000
　　贷：应收账款 30 000
② 借：应收账款——坏账准备 800
　　贷：未分配利润——年初 800
③ 借：应收账款——坏账准备 700
　　贷：信用减值损失 700
（2）抵销内部应付债券和债券投资
① 借：应付债券 33 000
　　贷：债权投资 33 000
② 借：投资收益 3 000
　　贷：财务费用 3 000
（3）抵销内部应收、应付票据
借：应付账款 2 000
　贷：应收账款 2 000
（4）抵销存货内部交易
① 借：营业收入 100 000
　　贷：营业成本 100 000
② 借：营业成本 4 000
　　贷：存货 4 000
③借：未分配利润——年初 8 000
　　贷：营业成本 8 000

（5）抵销当期内部固定资产交易

① 借：营业收入 80 000

贷：营业成本 60 000

固定资产 20 000

② 借：固定资产——累计折旧 3 667

贷：管理费用 3 667

（6）第一步：抵销前期内部固定资产交易。

① 借：未分配利润——年初 2 000

贷：固定资产 2 000

② 借：固定资产——累计折旧 200

贷：未分配利润——年初 200

③ 借：固定资产——累计折旧 200

贷：管理费用 200

第二步：将A公司对B公司的长期股权投资按权益法进行调整，调整分录如下：

① 调整2×22年以前，归属于A公司投资后B公司实现利润尚未分配的部分=（50万－30万）×70%＝14（万元）。

借：长期股权投资 140 000

贷：未分配利润——年初 140 000

② 将B公司当年实现的净利润中归属于A公司的部分按完全权益法调整长期股权投资。

B公司当年净利润＝100 000＋700－（100 000－90 000）×40%－（80 000－60 000）＋3 667＋200=80 567（元）。

A公司当年投资B公司的投资收益＝80 567×70%＝56 396.9（元）。

借：长期股权投资 56 396.9

贷：投资收益 56 396.9

③ 冲销A公司在成本法下所确认的投资收益。

借：投资收益 35 000

贷：长期股权投资 35 000

调整后A公司长期股权投资的金额＝3 000 000＋140 000＋56 396.9－35 000＝3 161 396.9（元）。

第三步：将A公司对B公司的长期股权投资项目与B公司的所有者权益各项予以抵销。

借：实收资本 2 500 000

资本公积 500 000

盈余公积 300 000

未分配利润 680 567（660 000＋80 567－10 000－50 000）

商誉 375 000

贷：长期股权投资 3 161 396.9

少数股东权益 1 194 170.1

第四步：将 A 公司的投资收益与 B 公司的利润分配进行抵销。

借：投资收益 56 396.9

少数股东损益 24 170.1

未分配利润——年初 660 000

贷：提取盈余公积 10 000

对所有者（股东）的分配 50 000

未分配利润——年末 680 567

第七章　习题参考答案

【扫码看解析】

一、单项选择题

1. C　2. A　3. A　4. D

二、判断题

1. √　2. √　3. ×　4. √　5. ×

6. √　7. ×

三、业务题

1.（1）采用权益法核算该项长期股权投资。

理由：甲公司在乙公司董事会中派有 1 名成员，说明甲公司对乙公司具有重大影响，应采用权益法核算该项长期股权投资。

① 2×19 年 1 月 1 日对乙公司投资：

借：长期股权投资——乙公司（投资成本） 2 500

贷：银行存款 2 500

初始投资成本 2 500 万元小于应享有乙公司可辨认净资产公允价值的份额 2 700 万元（9 000×30%），需要调整初始投资成本。

借：长期股权投资——乙公司（投资成本） 200

贷：营业外收入 200

② 调整后乙公司净利润＝900－(1 600/8－1 000/10)－300＝500（万元）

借：长期股权投资——乙公司（损益调整） 150

贷：投资收益 150（500×30%）

③ 2×19 年末对乙公司的长期股权投资账面价值＝2 500＋200＋150＝2 850（万元）

（2）① 属于非同一控制下企业合并。

理由：甲公司与丙公司、丁公司在合并前不存在任何关联方关系。

借：长期股权投资——丙公司 6 000

贷：银行存款 6 000

2×19 年 7 月 1 日的合并商誉＝6 000－(6 000＋100×75%)×80%＝1 140（万元）

② 编制 2×19 年 12 月 31 日相关调整抵销分录。

借：固定资产 100

贷：资本公积 75
递延所得税负债 25
借：管理费用 5（100/10/2）
贷：固定资产——累计折旧 5
借：递延所得税负债 1.25
贷：所得税费用 1.25
借：营业收入 900
贷：营业成本 600
固定资产——原价 300
借：固定资产——累计折旧 2.5（300/10×1/12）
贷：管理费用 2.5
借：递延所得税资产 74.38[(300－2.5)×25%]
贷：所得税费用 74.38
借：少数股东权益 44.62 [(300－2.5－74.38)×20%]
贷：少数股东损益 44.62

丙公司调整后的净利润＝1 000－5＋1.25＝996.25（万元）。

甲公司合并报表中应确认投资收益＝996.25×80%＝797（万元）。

借：长期股权投资 797
贷：投资收益 797
借：投资收益 480（600×80%）
贷：长期股权投资 480

调整后的长期股权投资＝6 000＋797－480＝6 317（万元）。

借：股本 4 000
资本公积 1 675（1 600＋75）
盈余公积 200（100＋100）
未分配利润 596.25（300＋996.25－100－600）
商誉 1 140
贷：长期股权投资 6 317
少数股东权益 1 294.25[（4 000＋1 675＋200＋596.25）×20%]
借：投资收益 797（996.25×80%）
少数股东损益 199.25（996.25×20%）
未分配利润——年初 300
贷：提取盈余公积 100
对所有者（或股东）的分配 600
未分配利润——年末 596.25

2.（1）方正公司购买丙公司60%股权导致的企业合并为非同一控制下的企业合并，因为方正公司与乙公司不存在关联方关系。

购买日为2×21年6月30日，因为相关的资产产权划转手续于2×21年6月30日完成。购买方方正公司，因为购买丙公司60%股权，达到控制。

（2）方正公司确定的长期股权投资初始投资成本不正确。

理由：非同一控制下企业合并形成的长期股权投资，购买方在购买日应当按照确定的企业合并成本作为长期股权投资的初始投资成本。

长期股权投资初始投资成本＝付出资产公允价值 4 000＋3 200＝7 200（万元）。

（3）方正公司在购买日应编制合并资产负债表。

理由：非同一控制下的企业合并中，购买方自购买日开始取得对被购买方的控制权，在企业合并形成母子公司关系的情况下，母公司在编制购买日的合并财务报表时，仅包括合并资产负债表，反映其于购买日开始能够控制的资产、负债。

（4）方正公司确定的 2×22 年 12 月 31 日对丙公司长期股权投资的账面价值不正确。

理由：对子公司投资应采用成本法核算，因为没有涉及增资、减资以及减值等情况，因此长期股权投资的账面价值不变。

2×22 年 12 月 31 日对丙公司长期股权投资的账面价值为 7 200 万元。

（5）方正公司计算的出售股权产生的损益不正确。

正确的结果是：出售 20%股权产生的损益＝2 950－7 200÷60%×20%＝2 950－2 400＝550（万元）。

（6）方正公司出售丙公司部分股权后确定的长期股权投资账面价值不正确。

理由：方正公司在出售该部分股权后，持有丙公司的股权比例降至 40%，仍能够对丙公司实施重大影响，但不再拥有对丙公司的控制权，应该由成本法转为权益法。

因处置投资导致对被投资单位的影响能力由控制转为重大影响的，应终止确认所处置的长期股权投资成本。在此基础上，对于剩余长期股权投资的成本小于按照剩余持股比例计算应享有原投资时被投资单位可辨认净资产公允价值份额的，在调整长期股权投资成本的同时，应调整留存收益。

对于原取得投资后至转变为权益法核算之间被投资单位实现的净损益中享有的份额，在调整长期股权投资账面价值的同时，应视情况分别调整留存收益及当期损益；其他综合收益变动等原因导致被投资单位所有者权益变动中应享有的份额，应调整长期股权投资的账面价值并计入所有者权益。方正公司在由成本法转为权益法时，未进行追溯调整是不正确的。

（7）方正公司在 2×23 年对丙公司长期股权投资采用权益法核算正确。确认的其他综合收益金额正确；但确认的投资收益不正确。

理由：投资企业在计算确认投资损益时，应在被投资单位账面净利润的基础上，考虑相关因素的影响进行适当调整，有关的调整因素包括：

① 被投资单位采用的会计政策及会计期间与投资企业不一致的，应按投资企业的会计政策及会计期间对被投资单位的净利润进行调整。

② 以取得投资时被投资单位固定资产、无形资产等的公允价值为基础计提的折旧额或摊销额，以及以投资企业取得投资时有关资产的公允价值为基础计算确定的资产减值准备金额等对被投资单位净利润的影响。

③ 在确认投资收益时，对于投资企业与其联营企业及合营企业之间发生的未实现内部交易损益应予抵销，但投资企业与被投资单位发生的内部交易损失属于资产减值损失

的，应当全额确认。

2×23 年按照固定资产公允价值应多计提折旧额＝（4 800－2 400）÷20＝120（万元）；按照无形资产公允价值应多摊销金额＝（2 400－1 600）÷10＝80（万元）。

调整后 2×23 年净利润＝600－120－80＝400（万元）；应确认投资收益＝400×40%＝160（万元）。

（8）2×21 年末方正公司应将丙公司纳入合并范围。在 2×21 年末编制合并资产负债表时，不应当调整合并资产负债表的期初数；在编制合并利润表时，应当将丙公司购买日至报告期末的收入、费用、利润纳入合并利润表；在编制合并现金流量表时，应当将丙公司购买日至报告期末的现金流量纳入合并现金流量表。

2×22 年末方正公司应将丙公司纳入合并范围。2×23 年初方正公司出售了丙公司的部分股权，已失去控制权。2×23 年末，合并资产负债表不调整期初数，期末不应将丙公司纳入合并范围。合并利润表和合并现金流量表应将期初至处置日纳入合并范围。

3. 2×19 年和 2×20 年内部应收账款与应付账款的抵销分录如下：

2×19 年：

借：应付账款　1 000
　贷：应收账款　1 000
借：应收账款——坏账准备　20（1 000×2%）
　贷：信用减值损失　20
借：所得税费用　5（20×25%）
　贷：递延所得税资产　5

2×20 年：

借：应付账款　1 200
　贷：应收账款　1 200
借：应收账款——坏账准备　20
　贷：未分配利润——年初　20
借：应收账款——坏账准备　4（1 200×2%－20）
　贷：信用减值损失　4
　　或合并编制
借：应收账款——坏账准备　24
　贷：未分配利润——年初　20
　　信用减值损失　4
借：未分配利润——年初　5（20×25%）
　贷：递延所得税资产　5
借：所得税费用　1（4×25%）
　贷：递延所得税资产　1（0.5 分）
　　或合并编制
借：未分配利润——年初　5（20×25%）
　所得税费用　1（4×25%）
　贷：递延所得税资产　6（24×25%）

第八章　习题参考答案

【扫码看解析】

一、单项选择题

1. D　2. A　3. A　4. B
5. D　6. A　7. C　8. B

二、多项选择题

1. ABCE　2. ABC　3. ABCDE　4. ADE
5. BCD　6. ABDE　7. BCDE

三、判断题

1. √　2. ×　3. ×　4. √　5. ×
6. √　7. √　8. ×

四、名词解释

略。

五、简答题

略。

六、业务题

1. 分析：

按照股份支付会计准则，本例中的可行权条件是一项非市场业绩条件。

第一年年末，虽然没能实现净利润增长20%的要求，但公司预计下年将以同样的速度增长，因此能实现两年平均增长15%的要求，所以公司将其预计等待期调整为2年。由于有8名管理人员离开，公司同时调整了期满（两年）后预计可行权期权的数量（100－8－8）。

第二年年末，虽然两年实现15%增长的目标再次落空，但公司仍然估计能够在第三年取得较理想的业绩，从而实现3年平均增长10%的目标。所以公司将其预计等待期调整为3年。由于第二年有10名管理人员离开，高于预计数字，因此公司相应调整了第三年离开的人数（100－8－10－12）。

第三年年末，目标实现，实际离开人数为8人。公司根据实际情况确定累计费用，并据此确认了第三年费用和调整。

费用和资本公积计算过程如下：

费用及资本公积计算表　　单位：元

年份	计　　算	当期费用	累计费用
2×20	（100－8－8）×100×24×1/2	100 800	100 800
2×21	（100－8－10－12）×100×24×2/3－100 800	11 200	112 000
2×22	（100－8－10－8）×100×24－112 000	65 600	177 600

账务处理如下：

（1）2020 年 1 月 1 日

授予日不做处理。

（2）2020 年 12 月 31 日

借：管理费用　100 800

　　贷：资本公积——其他资本公积　100 800

（3）2×21 年 12 月 31 日

借：管理费用　11 200

　　贷：资本公积——其他资本公积　11 200

（4）2×22 年 12 月 31 日

借：管理费用　65 600

　　贷：资本公积——其他资本公积　65 600

（5）2×22 年 12 月 31 日行权

借：银行存款　74 000

　　资本公积——其他资本公积　177 600

　　贷：股本　7 400

　　　　资本公积——资本溢价　244 200

2. 费用、应付职工薪酬及公允价值变动的计算过程如下表。

费用、负债及公允价值变动计算表　　单位：元

年份	负债计算 （1）	支付现金计算 （2）	负债 （3）	支付现金 （4）	当期费用 （5）
2×11	（100－35）×100×12×1/3		26 000		26 000
2×12	（100－40）×100×15×2/3		60 000		34 000
2×13	（100－45－30）×100×18	30×100×15	45 000	45 000	30 000
2×14	（100－45－30－20）×100×21	20×100×20	10 500	40 000	5 500
2×15	0	5×100×25	0	12 500	2 000
总额				97 500	97 500

其中：（1）计算得（3），（2）计算得（4）；

当期（3）－前一期（3）＋当期（4）=当期（5）

账务处理如下：

（1）2×11 年 12 月 31 日

借：管理费用　26 000

　　贷：应付职工薪酬——股份支付　26 000

（2）2×12 年 12 月 31 日

借：管理费用　34 000

　　贷：应付职工薪酬——股份支付　34 000

（3）2×13 年 12 月 31 日

借：管理费用	30 000	
贷：应付职工薪酬——股份支付		30 000
借：应付职工薪酬——股份支付	45 000	
贷：银行存款		45 000

（4）2×14 年 12 月 31 日

借：公允价值变动损益	5 500	
贷：应付职工薪酬——股份支付		5 500
借：应付职工薪酬——股份支付	40 000	
贷：银行存款		40 000

（5）2×15 年 12 月 31 日

借：公允价值变动损益	2 000	
贷：应付职工薪酬——股份支付		2 000
借：应付职工薪酬——股份支付	12 500	
贷：银行存款		12 500

第九章　习题参考答案

【扫码看解析】

一、单项选择题

1. B　2. C　3. A　4. B　5. B
6. C　7. A　8. A　9. C　10. B
11. B

二、多项选择题

1. ABCD　2. ABC　3. ABCD　4. ACE　5. ABCE
6. ABCE　7. ABCE　8. ABCDE　9. ABCDE　10. BCDE

三、判断题

1. ×　2. √　3. ×　4. ×　5. √

四、名词解释

略。

五、业务题

1.（1）2×22 年度发行在外普通股加权平均数＝（450＋80×9/12）×1.4＝714（万股）。

2×22 年度基本每股收益＝920/714＝1.29（元/股）。

（2）2×21 年度发行在外普通股加权平均数＝450×1.4＝630（万股）。

2×21 年度基本股收益＝860/630＝1.37（元/股）。

2.（1）基本每股收益＝95 000/250 000＝0.38（元/股）。

（2）计算稀释每股收益：

首先，分别判断稀释性：

① 期权影响：

调整增加的普通股股数 = 可以转换的普通股股数 − 按照当期普通股平均市场价格能够发行的股数 = 12 000 − 12 000 × 6/12 = 6 000（万股）。

② 2%的 5 年期可转换债券的影响：

增加净利润 = 2 000 000 × 2% ×（1 − 25%）= 30 000（万元）。

增加股数 = 2 000 000/12.5 = 160 000（万股）。

③ 3%的 3 年期可转换债券的影响：

增加净利润 = 1 000 000 × 3% ×（1 − 25%）= 22 500（万元）。

增加股数 = 1 000 000/10 = 100 000（万股）。

其次，确定潜在普通股计入稀释每股收益的顺序：

增量股每股收益的计算

	净利润增加（万元）	股数增加（万股）	增量的每股收益（元）	顺序
期权		6 000		1
2%的 5 年期可转换债券	30 000	160 000	0.188	2
3%的 3 年期可转换债券	22 500	100 000	0.225	3

最后，分步计入稀释每股收益：

稀释每股收益的计算

	净利润（万元）	股数（万股）	每股收益（元）	稀释性
基本每股收益	95 000	250 000	0.380	
期权		6 000		
	95 000	256 000	0.371	稀释
2%的 5 年期可转换债券	30 000	160 000		
	125 000	416 000	0.300	稀释
3%的 3 年期可转换债券	22 500	100 000		
	147 500	516 000	0.286	稀释

甲公司 2×22 年度稀释每股收益为 0.286 元/股。

第十章 习题参考答案

【扫码看解析】

一、单项选择题

1. A　2. A　3. B　4. A　5. B

6. A　7. D　8. A　9. D

二、多项选择题

1. BCDE　2. ABCD　3. AC　4. ABCD　5. ABCDE
6. ABCD　7. CD

三、判断题

1. ×　2. √　3. ×　4. √　5. ×
6. √　7. √　8. √　9. ×　10. ×

四、简答题

略。

五、业务题

1.（1）编制乙公司 2×18 年 1 月 1 日收到财政部门拨给企业用于购建 A 先进设备生产线的专项资金的会计分录：

借：银行存款　6 000 000
　贷：递延收益　6 000 000

（2）编制 2×18 年 1 月 10 日乙公司用该政府补助对 A 先进设备生产线进行购建的会计分录：

借：在建工程　4 800 000
　应交税费——应交增值税（进项税额）　768 000
　贷：银行存款　5 568 000

借：在建工程　300 000
　贷：原材料　300 000

借：在建工程——安装工程　900 000
　贷：应付职工薪酬　900 000

（3）编制 2×18 年 6 月 6 日达到预定可使用状态的会计分录：

借：固定资产　6 000 000
　贷：在建工程　6 000 000

（4）计算并编制 2×18 年末计提折旧额的会计分录：

2×18 年折旧额 = 6 000 000 × 20% ÷ 2 = 600 000（元）

借：制造费用　600 000
　贷：累计折旧　600 000

（5）编制 2×18 年末在该生产线使用寿命内平均分配递延收益的会计分录：

2×18 年应分配金额 = 6 000 000 ÷ 10 × 6/12=350 000（元）

借：递延收益　300 000
　贷：其他收益　300 000

2.（1）2×19 年 1 月 4 日，实际收到拨款 120 万元：

借：银行存款　1 200 000
　　贷：递延收益　1 200 000

（2）自2×19年1月4日至2×21年1月31日，在每个年度资产负债表日，分摊递延收益（假设按年分摊）：

借：递延收益　600 000
　　贷：营业外收入　600 000

（3）2×21年4月10日收到第2笔拨款120万元：

借：银行存款　1 200 000
　　贷：营业外收入　1 200 000

3. （1）2×18年1月1日，A公司确认应收的财政补贴款：

借：其他应收款　12 000 000
　　贷：递延收益　12 000 000

（2）2×18年1月12日，A公司收到财政补贴款：

借：银行存款　12 000 000
　　贷：其他应收款　12 000 000

（3）2×18年1月，分摊1月份的补贴，冲减管理费用

借：递延收益　4 000 000
　　贷：管理费用　4 000 000

2×18年2月和3月的分录同上。

六、案例分析题

该类政府补助属于与资产相关的政府补助。

（一）总额法的处理：

（1）2×18年7月1日，实际收到财政拨款，确认递延收益：

借：银行存款　3 600 000
　　贷：递延收益　3 600 000

（2）2×18年8月31日购入设备：

借：固定资产　7 200 000
　　应交税费——应交增值税（进项税额）　1 152 000
　　贷：银行存款　8 352 000

（3）自2×18年9月起每个资产负债表日（月末）计提折旧，同时分摊递延收益：

① 计提折旧（假设该设备折旧费用计入管理费用）：

借：管理费用　60 000
　　贷：累计折旧　60 000

② 分摊递延收益（月末）：

借：递延收益　30 000
　　贷：其他收益　30 000

（4）① 2×25 年 8 月出售设备：

设备累计折旧 = 60 000 × 12 × 7 = 5 040 000 元
设备账面价值 = 7 200 000 − 5 040 000 = 2 160 000 元
递延收益余额 = 3 600 000 − 30 000 × 12 × 7 = 1 080 000 元

借：固定资产清理	2 160 000	
累计折旧	5 040 000	
贷：固定资产		7 200 000
借：银行存款	3 016 000	
贷：固定资产清理		2 600 000
应交税费——应交增值税（销项税额）		416 000
借：固定资产清理	440 000	
贷：资产处置损益		440 000

② 转销递延收益余额：

借：递延收益	1 080 000	
贷：其他收益		1 080 000

（二）净额法的处理：

（1）2×18 年 7 月 1 日，实际收到财政拨款，确认递延收益：

借：银行存款	3 600 000	
贷：递延收益		3 600 000

（2）2×18 年 8 月 31 日购入设备：

借：固定资产	7 200 000	
应交税费——应交增值税（进项税额）	1 152 000	
贷：银行存款		8 352 000
借：递延收益	3 600 000	
贷：固定资产		3 600 000

（3）自 2×18 年 9 月起每个资产负债表日（月末）计提折旧：

借：管理费用	30 000	
贷：累计折旧		30 000

（4）① 2×25 年 8 月出售设备：

设备累计折旧 = 30 000 × 12 × 7 = 2 520 000 元

设备账面价值 = 3 600 000 − 2 520 000 = 1 080 000 元

借：固定资产清理	1 080 000	
累计折旧	2 520 000	
贷：固定资产		3 600 000

借：银行存款	3 016 000	
贷：固定资产清理		2 600 000
应交税费——应交增值税（销项税额）		416 000
借：固定资产清理	1 520 000	
贷：资产处置损益		1 520 000